영혼을 위한 싸움

영혼을 위한 싸움

지은이 | 김다위
초판 발행 | 2024. 1. 24
2쇄 발행 | 2024. 1. 25
등록번호 | 제1988-000080호
등록된 곳 | 서울특별시 용산구 서빙고로 65길 38
발행처 | 사단법인 두란노서원
영업부 | 2078-3352 FAX | 080-749-3705
출판부 | 2078-3331

책값은 뒤표지에 있습니다.
ISBN 978-89-531-4773-7 03230

독자의 의견을 기다립니다.
tpress@duranno.com www.duranno.com

두란노서원은 바울 사도가 3차 전도여행 때 에베소에서 성령 받은 제자들을 따로 세워 하나님의 말씀으로 양육하
던 장소입니다. 사도행전 19장 8-20절의 정신에 따라 첫째 목회자를 돕는 사역과 평신도를 훈련시키는 사역, 둘째
세계선교(TIM)와 문서선교(단행본·잡지) 사역, 셋째 예수문화 및 경배와 찬양 사역, 그리고 가정·상담 사역 등을 감당하
고 있습니다. 1980년 12월 22일에 창립된 두란노서원은 주님 오실 때까지 이 사역들을 계속할 것입니다.

예수 동행을 가로막는
7가지 죄

영혼을
위한
싸움

김다위 지음

두란노

제가 은퇴하면서 가장 많이 기도했던 것은 선한목자교회의 설교 강단을 후임인 김다위 목사님에게 잘 인수인계하는 것이었습니다. 그래서 2022년 1년 동안 저와 김다위 목사님이 주일 예배 때 요한복음으로 공동 설교를 했고, 금요성령집회 때는 번갈아 주제별 시리즈 설교를 했습니다. 이런 과정을 통해 제 설교에 익숙했던 선한목자교회 교인들이 김다위 목사님의 설교에 귀가 열리게 되었습니다. 그때 김다위 목사님께서 성령집회 시리즈 설교의 주제로 가장 먼저 택한 것이 일곱 가지 죄에 대한 것이었습니다. 그 설교는 선한목자교회 교인들에게 큰 영적 도전과 은혜가 되었습니다. 그리고 제가 은퇴하는 것으로 인한 교인들의 우려와 마음의 동요가 가라앉았습니다. 후임인 김다위 목사님이 정말 좋은 설교자임을 깨닫게 된 것입니다. 그래서 2022년 11월 마지막 주일 이후에 선한목자교회의 설교 강단을 전적으로 김다위 목사님에게 맡겨 드릴 수 있었습니다.

김다위 목사님은 선한목자교회의 담임목사로서 비교적 젊은 나이라 할 수 있지만, 거의 완벽한 설교자의 면모를 갖추고 있습니다. 깊은 성경 연구를 통한 정확한 성경 해석과 다양한 독서를 통한 풍성한 본문 이해 그리고 시대에 대한 탁월한 현실 인식과 교인들의 삶의 현장에 대한 깊은 이해를 가지고 있습니다. 뿐만 아니라 교인들이 성경의 진리를 구체적으로 삶에 적용하도록 도우며, 목회 현장에서 경험하는 감동적인 일화와 유머 및 재치 있는 표현으로 말씀을 더욱 마음 깊이 와 닿게 해 줍니다. 한마디로 흠잡을 데 없는 완벽한 설교자입니다. 김다위 목사님을 통해 한국 교회 강단이 더욱 은혜롭고 풍성해지리라 기대합니다.

무엇보다 김다위 목사님의 일곱 가지 죄에 대한 설교 시리즈는 저에게 큰 은혜가 되었습니다. 24시간 예수님을 바라보면서 맞닥뜨리게 되는 문제는 영혼을 파괴하고 죽이는 죄와의 싸움이기 때문입니다. 저는 죄의 재미를 압니다. 신학생 때, 처음 청소년관람불가 영화를 보고 너무나 마음이 무거웠습니다. 하나님이 기뻐하지 않으심을 느꼈습니다. 그래서 기숙사 채플에 혼자 나가 기도했는데, 회개하면서도 다시는 그런 영화를 보지 않겠다고 말하지 못했습니다. 그러면 인생이 너무 삭막할 것 같았기 때문입니다. 정말 부끄러운 일이지만, 그때는 그랬습니다. 그때는 제 안에 예수님이 거하시는 것을 알지 못했습니다. 주님과의 친밀함도 몰랐습니다. 그러니 죄의 즐거움을 포기하는 것은 불가능했습니다. 그러나 지금은 너무나 달라졌습니다. 제 육신 안에는 여전히 죄의 즐거움에 대한 욕망이 있지만, 더 크게 느껴지는 것은 죄로 인한 고통입니다. 주님을 바라보는 것으로 인한 변화입니다.

예수동행운동을 하면서 24시간 성령께 민감한 상태가 되었습니다. 은밀한 시간이 더 충만한 시간이 되었습니다. 죄의 유혹은 여전하지만 너무나 작은 것이 되었습니다. 죄로 인한 고통은 죽는 것이 나을 정도로 커졌습니다. 주의 영광이 사라지는 것은 견딜 수 없는 것이 되었습니다. 예수님과 동행하는 것은 예수님으로 인하여 평안과 기쁨과 감사, 용서와 사랑을 누리는 것과 함께 영적이고도 선한 싸움입니다. 우리가 예수님과 동행하고 성령의 열매를 맺는 삶을 살기 위해서는 반드시 우리의 육신에 뿌리내린 죄성을 깨닫고 싸워야 합니다.

히브리서 기자는 12장 1절에서 "얽매이기 쉬운 죄를 벗어 버리고"라고 했는데, 그 비결은 허다히 많은 증인을 바라보는 것이며, 무엇보다 주 예수님을 바라보는 것이라고 했습니다. 그래서 저도 예수동행운동을 하게 된 것입니다. 그동안 저 역시 죄와의 싸움에 대한 설교를 했지만, 김다위 목사님의 설교는 철저히 성경에 근거하여 신학적인 깊이가 있으면서도 영적 진리를 일상의 용어로 풀어 감으로써 모든 사람이 쉽게 읽고 이해할 수 있도록 한 것이 너무나 감사했습니다. 그것이 책으로 출간되어 더욱 기쁘고 감사합니다. 이 책이 믿음의 선한 싸움을 싸우는 한국 교회와 성도들에게 큰 도움이 될 것이라 확신합니다.

유기성 선한목자교회 원로목사, 위지엠미니스트리 이사장

종종 새로운 책을 내면서 '추천사'를 의뢰하는 분들이 있습니다. 그럴 때면 책의 내용보다는 책을 내는 사람에 대해 먼저 생각하게 됩니다. 좋은 사람이 좋은 글을 쓰면 참 좋은데, 좋은 글을 쓰는 사람이 좋지 않으면 그 책을 추천하는 제 마음이 무거울 때가 있기 때문입니다.

신학생 시절 김다위 목사님이 제가 사역하던 교회와 살던 집을 방문한 적이 있다고 합니다. 젊은 목사인 제가 어린 학생인 김다위 목사님을 격려하고 기도했던 때로부터 20여 년이 흘렀습니다. 이제는 김다위 목사님이 제 목회 여정에 든든한 동반자가 되었습니다. 그래서 더욱 기대하는 마음이 큰 것 같습니다.

한국 교회가 어려운 때를 지나가고 있는 이때에, 이렇게 깊은 고민을 하며 영적 순례의 여정을 가고 있는 후배 목사님이 있어서 참 좋습니다. 누구나 자기를 포장하고 자랑하기를 원하는 세상에서 자신의 내면을 바라보며 아픔을 고백할 수 있는 영적 리더가 있다는 것이 한국 교회의 미래에 큰 축복이 될 것입니다.

이 책은 중세 시대의 영혼을 갉아먹는 일곱 가지 치명적인 죄를 탐구하며 여정을 시작합니다. 그리고 이 시대를 사는 그리스도인들의 내면에 치열한 영적 싸움을 걸어옵니다. 김다위 목사님의 고뇌에 찬 영적 몸부림이 한국 교회의 치명적인 죄와 아픔을 치유하는 영적 여정의 길라잡이가 될 것을 기대합니다.

김병삼 만나교회 담임목사

이 책을 읽으며 몇 가지에 놀랐습니다. 저자의 넓고 깊은 지식에 놀랐고, 주제를 집요하게 파고드는 열심에 놀랐고, 제 안에 여전히 존재하는 죄를 들킨 것 같아 놀랐습니다.

신약 시대로부터 교부 시대를 지나 현대에 이르기까지 이 일곱 가지 죄에 대한 경고는 영적 지도자들에 의해 지속되어 왔습니다. 그만큼 이 일곱 가지 죄는 시대를 초월하여 효력을 발휘합니다. 많은 죄를 양산하는 공장과 같은 이 대표적인 일곱 가지 죄는 유통 기한 없는 사탄의 무기입니다. 잠시 방심한 사이에 우리 마음 깊은 곳에 틈을 타고 들어와 잠복하다가 기회만 오면 신속히 우리를 집어삼키고 맙니다.

오늘날 강단에서는 죄보다 은혜를, 심판보다 사랑을 더 강조하는 경향이 짙습니다. 그래서 성도들은 자기 속의 죄를 점검하고 회개할 기회를 갖지 못하고 살아가는 것 같습니다. 그러한 때에 이 책이 세상에 나온 것이 고맙고 반갑습니다. 김다위 목사님의 지성과 영성이 이 책 속에 잘 녹아져 있고, 그것을 바탕으로 한 죄의 지적과 회개의 촉구가 신자들의 심령을 흔들어 깨웁니다.

여러 번의 교제 속에서 경험한 김다위 목사님의 성품과 맑은 영성은 하루아침에 일어난 것이 아님을, 이 책을 읽으며 느꼈습니다. 한국 교회에 이렇게 준비된 영적 리더가 세워진 것은 큰 복입니다. 책에 담긴 내용뿐 아니라 인용구 하나에도 성실성이 돋보이고, 성경의 정확한 주해와 적용까지 모든 것이 탁월합니다. 읽는 동안 마음은 불편하지만, 영혼은 더욱더 주님께로 가까워지고 맑아지는 책입니다. 주님과 동행하고 가까워지기를 소망하는 모든 성도들에게 기쁨으로 추천합니다.

최병락 강남중앙침례교회 담임목사, 월드사역연구소 소장

코로나19가 종식된 이후 세계는 포스트 코로나 시대를 맞이했습니다. 하지만 전쟁으로 신음하고 있습니다. 우크라이나와 러시아의 전쟁 그리고 이스라엘과 하마스의 전쟁으로 무고한 시민들이 희생을 당했고, 군인들이 총을 겨누며 상대를 죽이기 위해 혈안이 되어 있습니다. 그러나 전쟁터가 따로 있는 것이 아닙니다. 우리가 살아가는 일상과 사회가 전쟁터입니다. 2023년 1분기에 발생한 전체 범죄는 377,482건으로 2022년 1분기 대비 9.5퍼센트가 증가했습니다. 그중에서도 2023년 1분기에 발생 건수가 가장 많은 범죄 유형은 재산 범죄였습니다.[1] 재산을 더 차지하기 위한 탐욕스러운 전쟁이 가장 치열했다는 뜻입니다. 폭력 범죄도 2022년 대비 5.4퍼센트가 증가했고, 강력 범죄 유형 중에서는 성폭력 범죄 발생 건수가 가장 많았다고 합니다. 또한 인터넷, 과학 기술이 발달함에 따라 정보 통신망을 이용한 범죄, 즉 개인 정보 유출, 불법 촬영, 보이스 피싱과 같은 범죄가 증가하고 있다고 합니다. 코로나 바이러스에 대해서는 어느 정도 면역을 갖추었지만, 인류를 지속적으로 괴롭히는 바이러스는 탐욕, 정욕, 시기, 분노와 같은 영적 · 도덕적 바이러스라고 해도 결코 과언이 아닙니다.

하지만 이는 단지 한국 사회만의 문제가 아니라 한국 교회의 문제이기도 합니다. 2023년 초, (사)기독교윤리실천운동에서 일반 국민 1,000명을 대상으로 한국 교회에 대한 신뢰도 조사를 했습니다. 한국 교회를 신뢰한다고 긍정적으로 응답한 비율은 21퍼센트에 불과했습니다. 반면, 별로 신뢰하지 않거나 전혀 신뢰하지 않는다고 부정적으로 응답한 비율은 무려 74퍼센트에 달했습니다.[2] 더 심각한 문제는 무종교인의 경우, 한국 교회에 대한 신뢰도가 전체 평균의 절반 수준인 11퍼센트에 불과했습니다. 신뢰도 감소의 원인 중 하나는 코로나19에 대한 한국 교회의 대응이었습니다. 하지만 신뢰도 하락에 영향을 미친 것은 단지 그 이유 때문만은 아닙니다. 2000년대 이후 한국 교회에서는 성 스캔들을 비롯하여 권력형 비리, 투명하지 않은 재정 등 신뢰도 하락에 부정적인 영향을 끼치는 사건들이 수시로 발생했기 때문입니다. 한국 사회를 괴롭히는 영적 · 도덕적 바이러스가 그리스도인들에게도, 교회 내에도 침투한 것입니다. 기독교적 세계관을 바탕으로 한 도덕과 윤리의 거대 담론이 무너지면서, 알래스데어 매킨타이어(Alasdair MacIntyre)의 책 제목대로 이제는 '덕의 상실'(After Virtue)의 시대, 다시 말해 '악덕의 시대'(the Age of Vice)가 도래한 것입니다.

이 책의 뼈대가 되는 주제는 기독교 역사 속에서 오랜 기간 전해져 온 '치명적인 일곱 가지 죄'(the Seven Deadly Sins or the Seven Capital Sins)에 기반하고 있습니다. 저는 이 주제를 신학교 시절에 처음으로 접했고, 핵심 내용만 인지하고 있었습니다. 그러다가 미국에서 목회학 박사 과정 공부를 하던 중 저의 주심 교수였던 듀크 신학대학원의 스탠리 하우어워스(Stanley Hauerwas)를 통해 '덕과 성품'(virtue and character)에 대한 깊은 관심을 갖게 되었습니다. 그분을 통해 참된 교회는 무엇이며, 교회는 어떠해야 하는지, 제자의 삶은 어떠해야 하는지를 성경과 교회 전통과 역사를 통해 새롭게 배우게 되었습니다. 그러면서 성경과 기독교 전통에서 제시하는 덕들, 곧 성령의 열매들을 포함한 예수 그리스도의 성품 그리고 악덕들, 곧 육신의 열매와 죄악들을 더 깊이 연구하는 계기가 되었습니다. 하나님의 은혜와 성령의 도우심으로 성령의 열매들과 예수님을 닮은 성품과 덕을 형성하는 것이 매우 중요하지만, 그에 못지않게 죄와 악덕들을 발견하여 뿌리 뽑고 싸우는 일도 중요하다는 점을 깨닫게 되었습니다. 건강하고 성숙한 영혼을 위해서는 믿음의 주요, 온전하게 하시는 예수를 바라봄(히 12:2)과 동시에 영혼을 파괴하고 죽이는 죄악들과 피 흘리기까지 싸우는 투쟁이 있어야 합니다(히 12:4).

19세기 성공회 주교 J. C. 라일(John Charles Ryle)은 그의 책《거룩》에서 하나님 자녀의 두 가지 큰 표지를 '내적 평화'와 '내적 전투'로 꼽았습니다.[3] 그리스도인이 되면 더 이상 씨름하지 않아도 될 것이 많지만, 동시에 그리스도인이 되었기에 싸워야 할 새로운 전투가 시작됩니다. 라일은 세상과 육체와 마귀를 대상으로 영적 전투와 자아 부인, 경계와 교전이 없는 기독교는 성경의 기독교가 아니라고 지적했습니다. 참된 기독교는 싸움이요 전투이며, 참된 신앙은 선한 싸움을 싸우는 것입니다(딤전 6:12). 예수님과 동행하고 그분의 형상을 닮아 가는 과정에 있어서 일곱 가지 죄악과의 싸움은 피할 수도 없고, 피해서도 안 됩니다. 하나님이 창조하신 인간의 아름다운 형상을 흉측하게 파괴하고 병들게 하는 것이 바로 죄이기 때문입니다.

이 책은 바로 그러한 필요와 고민에서 나오게 되었습니다. 저는 선한목자교회에 청빙을 받고 유기성 원로목사님과 동사목회를 하던 2022년 여름부터 금요성령집회 말씀을 전하게 되었습니다. 그때 '영혼을 죽이는 일곱 가지 죄'에 대한 주제로 첫 시리즈 말씀을 전했습니다. 예수님과의 동행이 핵심 가치인 이 교회에서 예수님과의 동행을 가로막는 일곱 가지 죄, 영혼을 병들게 하는 일곱 가지 죄가 무엇이고 어떻게 싸울 수 있는지를 전하고 싶었기 때문입니다. 이 주제에 대한 좋은 책들이 이미 출간되어 있습니다. 제라드 리드(Gerard Reed)의 《C. S. 루이스를 통해 본 일곱 가지 치명적인 죄악과 도덕》(누가 역간), 존 파이퍼(John Piper)가 공저한 《당신의 행동에 숨겨진 일곱 가지 치명적인 죄》(생명의말씀사 역간), 신원하의 《죽음에 이르는 7가지 죄》(IVP)가 그것입니다. 세 권 모두 신학적으로 깊이 있는 내용을 담고 있어 모든 목회자와 성도들에게 꼭 추천하고 싶은 책입니다. 그러나 한편으로 좀 더 평이하고 대중적으로 읽힐 수 있으면서 일곱 가지 죄의 핵심 내용과 극복 방안들을 성경적으로, 실천적으로 전달할 수 있는 책이 있으면 좋겠다는 마음이 있었습니다. 그러던 중 두란노서원에서 제 시리즈 설교를 바탕으로 출간을 해 보면 어떻겠느냐고 제안해 주었습니다. 약 1년 간을 고심하며 기도하다가 하나님께서 주시는 마음에 따라 원고를 정리하고 보완하여 내놓게 되었습니다. 이 책의 제목인 《영혼을 위한 싸움》은 이러한 고민과 배경 속에서 탄생하게 되었습니다.

다만 이 책에서 제시하는 일곱 가지 죄의 목록에는 '탐식'이 빠지고 '허영'이 들어갔습니다. 사실 전통적으로 '탐식'은 에바그리우스(Evagrius of Pontus)나 카시아누스(Johannes Cassianus), 그레고리우스(Gregorius I, 암브로시우스[Sanctus Ambrosius], 아우구스티누스 [Aurelius Augustinus], 히에로니무스[Eusebius Sophronius Hieronymus]와 더불어 서방 교회의 4대 교부)와 아퀴나스(Thomas Aquinas)가 모두 공통적으로 꼽을 만큼 치명적인 일곱 가지 죄 중에 하나입니다. 심지어 카시아누스는 '정욕'을 극복하기 위해서는 반드시 '탐식'을 극복하지 않으면 안 된다고 할 정도로 매우 심각한 죄로 보았습니다. 육체적인 욕구인 탐식이 영적인 죄인 정욕으로 연결되는데, 음식의 과도한 쾌락을 다스리지 않고서는 과도한 성적 쾌락을 제어하거나 이길 수 없다고 보았기 때문입니다. 그토록 탐식은 그리스도인들이 하나님께 더 가까이 나아가는 데 큰 장해물이 됩니다. 그럼에도 불구하고 저는 탐식을 여덟 번째 목록으로 미루고 '허영'을 일곱 가지 죄의 목록 안에 넣었습니다. 오늘날 물질주의, 소비주의, 자본주의 사회에서 탐식만큼, 아니 어찌 보면 탐식보다 더 영적이고 치명적인 죄가 허영이라고 보았기 때문입니다. 한국 사회에서도 허영의 다른 표현인 나르시시즘(Narcissism)이 큰 문제가 되고 있습니다. '나는 다르다'라는 지적·정서적 교만에 근거한 허영이 관계를 해치고, 공동체를 파괴하기 때문입니다.

이 책이 믿음의 선한 싸움과 영적 전투를 감당하고 있는 한국 교회와 성도들의 영혼을 강건하게 하는 데 도움이 되기를 바랍니다. 책이 출간되기까지 저를 위해 기도하고 응원해 주신 많은 분들께 감사를 드립니다. 머뭇거리던 제게 먼저 출간 제안과 응원과 격려를 해 주신 두란노서원과 언제나 저의 든든한 여당이자 치열한 야당이 되어 제가 좌로나 우로나 치우치지 않도록 격려와 지지와 기도를 아끼지 않는 사랑하는 아내에게 감사하고 싶습니다. 또한 늘 한결같은 사랑으로 응원해 주시는 아버지와 어머니, 장인 어르신과 장모님, 예수님이 주인 되신 교회를 아름답게 물려주신 유기성 원로목사님과 박리부가 사모님, 선한목자교회의 헌신적인 장로님들을 비롯한 모든 성도님들께 감사를 드립니다. 무엇보다 저의 삶을 신실하고 선하게 인도해 주신 아버지 하나님께 모든 감사와 영광을 올려 드립니다.

2024년 1월
김다위

벌써 몇 년 전의 일입니다. 미국에서 정기 검진을 받으면서 피 검사를 했습니다. 그런데 주치의 선생님이 제 혈액 수치를 보더니 깜짝 놀랐습니다. 어떤 수치가 정상 범위를 넘어서서 다섯 배이상 올라가 있었던 것입니다. 그러면서 만일 이 수치대로라면 언제 죽어도 전혀 이상하지 않다는 충격적인 말을 했습니다. 저는 제 건강에 큰 이상을 느끼지 않았었기에 아무런 증상이 없다고 말했습니다. 하지만 주치의 선생님은 이 상태를 '보이지 않는 살인마'에 의해 죽을 수도 있는 상태라고 하면서 당장 심장 검사를 받아 보라고 했습니다. 몇 주 뒤에 받은 검사 결과는 다행히 정상이었습니다. 하지만 피 검사 수치가 정상이 아니었던 것은 분명합니다. 나중에 알아보니 제가 먹는 음식들 중에 저의 건강을 해치는 것들이 있었습니다. 한 예로, 미국은 카페 라테를 만들 때 유지방 비율이 높은 우유를 넣는데, 그것이 저의 건강에 좋지 않은 영향을 미쳤던 것입니다. 또한 매일 몇 잔씩 자주 마셨던 에스프레소에 있는 커피 기름도 심혈관 건강에 안 좋은 영향을 미쳤던 것으로 보입니다. 무엇보다 지나친 탄수화물 섭취역시도 건강을 해롭게 하는 요인 중 하나였습니다. 주치의 선생님께 건네받은 목록을 살펴보니 저도 모르는 사이에 저의 건강을 해치는 식습관들이 제 몸에 배어 있었던 것입니다.

그때까지만 해도 제 나름대로 건강을 챙긴다고 생각했습니다. 평소에 먹던 그 음식들도 겉으로 볼 때는 전혀 해로워 보이지 않았습니다. 그런데 그 음식들 중에 제 건강을 서서히 해치는 것들이 있었습니다. 다만 저 자신이 그것을 인지하지 못했던 것뿐입니다. 저는 그 이후로 주치의 선생님이 처방해 준 약을 일정 기간 복용해야만 했습니다. 그와 동시에 식습관을 바꾸기 시작했고, 로드 사이클을 타면서 건강관리를 시작했습니다. 그러면서 수치를 조절해 나갔습니다. 그때 들었던 생각이 있습니다. 건강에 좋은 습관을 만드는 것도 중요하지만, 건강에 해로운 습관을 자각하고 버리는 것도 그에 못지않게 중요하다는 것입니다. 더 나아가, 잘못된 습관이 우리의 몸을 서서히 죽일 수 있다면, 우리 영혼을 서서히 죽이는 것도 가능하다는 사실입니다.

잘못된 영적 습관, 죄는 우리 영혼을 죽인다

C. S. 루이스(Clive Staples Lewis), J. R. R. 톨킨(John Ronald Reuel Tolkien)과 더불어 옥스퍼드 그리스도인이라고 불렸던 도로시 세이어즈(Dorothy Sayers)는 교회가 지난 몇 세기 동안 얼마나 기독교 교리를 잘못 가르쳐 왔는지를 한탄하며 많은 사람이 부도덕이라는 단어를 단 하나의 의미로만 사용한다고 지적했습니다.[4] 즉 개인과

공동체와 사회에 침투하여 파괴시키는 죄가 가진 이름과 특징들이 있음에도 불구하고 그저 '부도덕'이라는 한 단어로 환원시켜 버렸다는 뜻입니다. 더 안타까운 일은 부도덕, 혹은 죄에 대해 질책하는 소리가 사라지더니 이제는 거론조차 하기 까다로운 시대가 되었다는 것입니다.[5]

그러나 기독교 전통에서는 우리의 영혼을 지옥에까지 끌고 갈 수 있는 죄를 한 단어로 축소시키지 않고, 다른 죄들의 근원이 되는 일곱 가지 치명적인 죄의 목록을 갖고 있습니다. 그레고리우스는 교만을 뿌리 죄로 삼고 일곱 개의 죄의 목록을 작성했는데, 토마스 아퀴나스는 그 목록에서 우울을 나태로 바꾸어 다음과 같이 정리했습니다: 교만, 시기, 분노, 나태, 정욕, 탐식, 탐욕. 이 책에서 제시되는 순서 역시 아퀴나스의 순서를 따른 것인데, 그중에서 탐식을 빼고 뿌리 죄로 취급되는 교만을 별도로 다루지 않고 목록에 포함시켜 총 일곱 개로 정리한 것입니다. 물론 어떠한 죄가 아무리 작다 할지라도 죄 자체는 하나님께 대한 반역이자 하나님을 떠난 영혼이 맺는 육신의 열매입니다. 작은 죄, 큰 죄가 따로 있지 않습니다. 그런데 왜 '일곱 가지 치명적인 죄'라고 부르는 것일까요? 그 이유는, 이것들이 다른 죄를 낳는 뿌리와 같은 죄이기 때문입니다.

한 예로, 몇 해 전 계곡에서 남편을 죽인 계곡 살인 사건이 있었습니다. 십계명에도 나와 있지만 '살인'은 시기나 분노, 탐욕보다 분명히 더 악한 죄라고 볼 수 있습니다. 그런데 그 살인죄가 어디에서 나온 것일까요? 사망 보험금 8억 원에 대한 '탐욕', 곧 '탐심'입니다. 돈에 대한 탐욕이라는 죄에서 나온 또 다른 죄가 살인입니다. 8억 원을 받을 수 있다면 남편도 죽일 수 있다는 것입니다. 무서운 일이 아닐 수 없습니다. 탐욕이라는 별 것 아닌 것 같은 죄가 그 아내의 영혼을 서서히 죽였던 것입니다.

죄는 헬라어로 '하마르티아'(ἁμαρτία)인데, 그 의미는 '과녁에서 벗어나다'라는 뜻입니다. 죄는 단지 하지 말아야 할 것을 하는 것이 아닙니다. 죄는 우리가 있어야 할 위치를 벗어나게 하고, 우리의 존재를 왜곡시킵니다. 죄는 우리의 영혼을 흉측하게 변질시키고 하나님으로부터 멀어지게 합니다.

죄는 하나님을 거절하고 하나님보다 다른 우상을 더 사랑하는 것입니다. 그렇기 때문에 '예수님과 동행하는 삶'에 있어서 죄와의 싸움은 피할 수 없고, 피 흘리기까지 싸워야 하는 일입니다. 바로 이 죄들이 우리의 영혼을 서서히 죽일 뿐만 아니라 우리의 영적 여정을 가로막는 장해물이 되기 때문입니다. 히브리서 12장 1절을 보십시오.

"이러므로 우리에게 구름같이 둘러싼 허다한 증인들이 있으니 모든 무거운 것과 얽매이기 쉬운 죄를 벗어 버리고 인내로써 우리 앞에 당한 경주를 하며"

우리에게는 예수님과 함께하는 인생의 여정, 경주가 있습니다. 그런데 그 경주를 가로막는 장해물, 곧 우리의 발을 얽매는 죄가 있다는 것입니다.

우리가 잘 아는 믿음의 선조들, 곧 아브라함, 이삭, 야곱, 모세와 같은 이들은 이와 같은 죄와 싸우며 믿음의 여정을 밟아 갔습니다. 그것이 히브리서 11장에 잘 기록되어 있습니다. 그러면서 히브리서 기자는 12장을 통해 '이러므로' 우리도 그들처럼 믿음의 여정을 완주하기 위해 반드시 극복해야 할 일이 있다고 이야기합니다. 그것이 바로 얽매이기 쉬운 죄를 벗어 버리는 일이라는 것입니다.

'얽매이기 쉬운 죄'는 다른 말로 '덫'이라고 할 수 있습니다. 죄는 우리로 하여금 마라톤과 같은 신앙의 경주를 더 이상 감당할 수 없게 만듭니다. 그리고 결국에는 포기하게 만듭니다. 죄는 마치 장거리 달리기를 하는 선수의 발을 뒤에서 잡아끄는 덫과 같습니다. 선수 자신이 아무리 열심히 뛰려고 해도 이상하게 생각만큼 뛸 수가 없습니다. 또한 뛴다고 해도 금방 지쳐 버리고 맙니다. 그 선수로 하여금 영적 에너지를 방전시키고 빼앗는 무엇인가가 있는 것입니다.

우리 중에도 이런 사람이 있을 수 있습니다. 예수님과 늘 동행하고 싶은데 하루하루가 너무 힘이 들고, 기도를 해야 하는데 기도가 나오지 않는 경우, 왜 그런 것일까요? 그 사람이 앞으로 나아가지 못하도록 뒤에서 잡아끄는 덫, 죄의 덫이 있기 때문입니다. 그 자신도 모르게 서서히 병들고 죽게 하는 죄가 있기 때문입니다. 그렇기 때문에 이 얽매이기 쉬운 죄와 하나님과의 동행을 가로막는 장해물들을 처리하지 않으면 안 된다는 것이고, 그래서 이 죄와 싸우라고 말하는 것입니다.

"너희가 죄와 싸우되 아직 피 흘리기까지는 대항하지 아니하고"(히 12:4).

피를 흘린다는 것은 문맥상 순교를 의미합니다. 물론 모두가 순교하라는 의미는 아닙니다. 그러나 순교를 각오할 정도로 죄와 싸워야 한다는 의미입니다. 여기서 '싸우다'의 헬라어 동사 '안티카디스테미'(ἀντικαθίστημι)는 기본적으로 '맞서다', '직면하다'의 의미를 갖고 있습니다. 죄와 직면하여 대항하고, 싸우고, 저항해야 한다는 뜻입니다. 하지만 많은 사람이 죄와 싸우는 일을 심각하게 여기지 않습니다. 죄와 싸우지만 피 흘리기까지, 순교할 각오로 대항하지 않습니다. 죄가 있음을 알지만 대수롭게 여기지 않는 것입니다. 혹은 '죄는 평생 안고 가는 거야. 남들도 다 그렇게 사는데 뭐. 죄를 이기는 것은 불가능해' 하며 죄에 대해 미온적으로 대처하고 있는지도 모릅니다. 그러나 만일 죄를 이기는 것이 불가능하다면, 예수님께서는 왜 더 이상 죄를 짓지 말라고 하셨을까요? 예수님은 베데스다의 38년 된 병자를 치유하면서 "더 심한 것이 생기지 않게 다시는 죄를 범하지 말라"(sin no more, ESV)고 말씀하셨습니다(요 5:14). 또한 간음하다가 현장에서 잡힌 여인을 정죄하지 않으면서 "가서 다시는 죄를 범하지 말라"(sin no more, ESV)고도 하셨습니다(요 8:11). 다시는 죄를 범하지 않는 것이 불가능하다면 이런 말씀을 하실 리가 없습니다. 물론 사람 자체는 육신의 본성 및 죄와 싸워 이길 힘이 없습니다. 하지만 전적인 하나님의 은혜와 성령의 능력으로 가능합니다. 그렇기에 죄짓는 일을 당연하게 여기는 것은 하나님의 뜻이 아니며, 마귀의 달콤한 속삭임일 뿐입니다.

그래서 히브리서 12장 4절은 죄를 의인화해서 반드시 싸워 이겨야 할 적으로 묘사하고 있습니다. 이 죄에 대항해야 하는 이유는, 죄는 우리로 하여금 성령을 거스르고 하나님의 뜻에 따라 살지 못하게 하며, 영적 항해에서 믿음의 파산이라는 무서운 결과를 가져오기 때문입니다. 그 한 예가 창세기에 나오는 에서입니다. 그는 탐식을 참지 못하고 음식 한 그릇에 장자의 명분을 팔아 버려 하나님의 은혜에서 떨어져 나가고 말았습니다. 우리말성경은 에서를 '세속적인 사람'이라고 묘사합니다(히 12:16). 세속적인 사람은 삶의 중심에 하나님이 계시지 않은 사람(Godless, NLT)입니다. 하나님을 제외하고도 설명될 수 있는 사람이 세속적인 사람입니다. 그래서 히브리서 12장 16절에 나오는 '세속적인 사람'을 쉬운성경은 '하나님을 생각지 않는 사람'이라고 번역했습니다. 사탄은 우리로 하여금 하나님을 생각하지 않게 함으로써 우리를 하나님과 상관없는 사람, 즉 세속적인 사람으로 만들어 갑니다.

결국 매일 무엇을 보고, 듣고, 생각하느냐가 그 사람을 형성 (formation)합니다. 믿음의 결핍은 세속적인 사람을 낳습니다. 그에게는 다른 세계, 즉 영원한 세계인 하나님 나라가 보이지 않기 때문입니다. 그렇기에 우리가 죄와 싸우되 사투를 벌일 정도로 싸우지 않는다면 과연 우리에게 믿음이 있는지를 점검해야 합니다. 아무리 아브라함과 이삭이라는 신앙의 가문에서 태어났더라도 얼마든지 세속적인 삶을 살다가 인생을 마칠 수 있기 때문입니다. 이것은 참으로 두려운 일이 아닐 수 없습니다.

예수님은 죄와 죄인을 구분하셨습니다. 그 뜻은 죄를 지은 사람에게 문제가 있는 것이 아니라, 근본적인 원인은 죄, 곧 하나님을 떠난 상태에 있으며, 또한 그 원인이 마귀에게 있음을 아셨기 때문입니다. 예수님께서 간음한 여인을 정죄하지 않고 용서해 주시되 다시는 죄를 짓지 말라고 하신 이유도 이 때문입니다. 또 다른 좋은 예가 있습니다. 베드로가 예수님께 "[고난을 받고 죽임을 당하는] 이 일이 결코 주께 미치지 아니하리이다"(마 16:22)라고 했을 때, 예수님은 "사탄아 내 뒤로 물러가라"(마 16:23)고 하셨습니다. 이 말씀은 예수님께서 베드로를 책망하신 것이 아닙니다. 이는 오히려 예수님의 '베드로를 향한 놀라운 온유함과 은혜'를 보여 주신 사건입니다.[6] 왜냐하면 예수님은 베드로와 베드로 안에서 사람의 일을 생각하게 하고 하나님의 일을 생각하지 못하게 만드는 마귀를 구별하셨기 때문입니다. 그럼으로써 믿음 없는 말을 하고 십자가의 사명을 감당하지 못하게 막은 것이 베드로의 문제라기보다는 마귀에게 근본적인 원인이 있음을 드러내신 것입니다. 이러한 예들은 죄와 죄의 원인을 밝히고 드러내는 것이 한 사람의 영혼을 구원하고 회복시키는 데 있어 얼마나 중요한지를 보여 줍니다. 그런 점에서 보면 에서를 단지 세속적인 사람이라고 치부할 것이 아니라, 그 역시 마귀에게 속임을 당한 불쌍한 자로 여겨야 합니다. 그러므로 죄의 뿌리가 되는 치명적인 죄들을 파악하고 성령의 도우심으로 대항하는 일은 영혼의 건강과 영적 성숙을 위해 매우 중요한 부분입니다.

여덟 가지 영과 일곱 가지 죄의 기원

본래 이 영혼을 죽이는 치명적인 죄의 목록은 일곱 가지가 아니라 여덟 가지였습니다. 이 여덟 가지는 초대 교부였던 바실리우스(Basilius)와 그레고리우스의 제자인 에바그리우스가 만든 여덟 가지 악한 사상에서 나왔습니다.

4세기 무렵, 이집트에 수도원이 생기면서 수도사들이 신앙의 순수함을 지키기 위해 그곳에서 영성 수련을 시작했는데, 당시 에바그리우스가 그리스도인들의 마음을 흔들고 어지럽히는 것이 무엇인지를 성경 말씀을 근거로 정리했습니다. 탐식, 정욕, 탐욕,

슬픔, 분노, 나태, 헛된 영광, 교만이라는 여덟 가지 악한 생각이 그것입니다. 악한 생각을 악한 영이라고도 표현하는데, 악한 생각은 결국 악한 영인 사탄이 넣어 준 것이기 때문입니다. 그래서 탐욕의 영, 분노의 영, 시기의 영, 교만의 영이라고도 부릅니다.

우리가 죄에 넘어갈 때 그 시작은 항상 생각인데, 그 생각에 영향을 주는 악한 영의 역사가 있기 때문입니다. 생각에서 마음으로, 그것이 감정을 자극하고, 감정이 의지를 발동시켜 행동으로 이어지고, 그 행동이 반복되면 습관이 되고, 그 습관은 그 사람의 성품이 되고, 그 성품은 그 사람의 운명이 되는데, 이 모든 것의 시작이 생각이라는 것입니다. 그러나 많은 그리스도인들이 자신의 생각을 그대로 방치합니다. 그래서 마귀에게 쉽게 속아 넘어가 마귀가 역사하는 통로 역할을 합니다. 기억하십시오. 생각을 지키지 않으면 마음을 빼앗기고, 마음을 빼앗기면 생명을 빼앗깁니다.

"모든 지킬 만한 것 중에 더욱 네 마음을 지키라 생명의 근원이 이에서 남이니라"(잠 4:23).

가룟 유다를 보십시오. 가룟 유다가 예수님을 파는 씻을 수 없는 죄를 짓게 된 이유가 무엇입니까? 생각입니다.

"마귀가 벌써 시몬의 아들 가룟 유다의 마음에 예수를 팔려는 생각을 넣었더라"(요 13:2).

마귀가 유다의 마음에 예수를 팔려는 '생각'을 넣었다는 것입니다. 다시 말하면, 예수님을 팔 생각은 본래 유다의 아이디어가 아니었습니다. 물론 이 말이 유다를 비롯한 우리 인간에게 죄성이 없다는 뜻은 아닙니다. 인간은 죄성을 비롯해서 죄에 쉽게 기우는 경향을 갖고 있습니다. 그러한 죄가 잘 자랄 수 있는 성향에 마귀가 생각을 넣어 주면 그것이 육신의 죄 된 본성과 만나 죄의 열매가 맺히는 것입니다. 그리고 행동이 반복되면 습관이 되고, 그 습관이 곧 성품이 되는 것입니다.

이 모든 것의 시작은 생각입니다. 유다는 사탄이 심어 준 생각을 품었습니다. 문제는, 유다가 그것이 사탄이 준 생각임을 분별하지 못했다는 점에 있습니다.

'예수는 너에게 도움이 안 돼. 그는 죽고, 제자들은 다 흩어질 거야. 그러느니 차라리 얼마에 팔고 돈이라도 받는 게 낫지 않겠어?'

이런 생각들이 유다의 머릿속에 들어왔을 때, 그는 이것이 사탄이 심어 준 생각임을 전혀 알지 못했습니다. 그랬기에 그 생각대로 행했고, 죄의 열매가 맺힌 것입니다. 베드로도 마찬가지였습니다. 베드로는 예수님을 사랑하는 제자였고 "주는 그리스도시요 살아 계신 하나님의 아들이시니이다"(마 16:16)라는 성경에 기록되는 말씀을 남겼습니다. 베드로는 위대한 제자였습니다.

그러나 얼마 안 되어 그는 사탄이 됩니다.

"예수께서 돌이키시며 베드로에게 이르시되 사탄아 내 뒤로 물러가라 너는 나를 넘어지게 하는 자로다 네가 하나님의 일을 생각하지 아니하고 도리어 사람의 일을 생각하는도다 하시고"(마 16:23).

베드로는 언제 사탄이 되었습니까? 찰나요, 순간입니다. 베드로는 사탄이 자신에게 들어오는지도 모른 채 사탄의 역할을 하고 말았습니다. 어떻게 사탄이 되었습니까? '사람의 일을 생각하다가' 그렇게 되었습니다. 사탄이 된다는 것은 어려운 일이 아닙니다. 아무 생각이나 받아들이면 언제든지 사탄이 역사하는 통로가 될 수 있습니다. 물론 베드로는 예수님의 말씀을 듣고 다시 제정신으로 돌아옵니다. 하지만 항상 명심해야 합니다. 사탄은 '사람의 생각', '내 소견에 옳은 생각'이라는 형태로 위장해서 우리에게 침투합니다. 생각해 보십시오. 교회 내에서 주로 언제 갈등이 일어납니까? 각자의 소견에 옳은 대로 판단하다가 싸움이 일어납니다.

더 두려운 일이 있습니다. 베드로는 사탄이 자신 안에 들어온 사실을 전혀 몰랐다는 점입니다. 아마 이런 경험이 있을 것입니다. 예배를 드린 후 엄청 은혜 받고 나왔는데 주차장에서 혹은 집으로 돌아가는 길에 배우자나 가족과 다투는 일 말입니다. 아니, 예배드리면서 눈물, 콧물 다 쏟을 땐 언제고, 이제 와서 무엇을 먹을까, 어디로 갈까에 대한 문제와 같은 일로 다투다니, 이야말로 성령으로 시작했다가 육체로 마치는 일이 아닐까요? 마귀는 우리가 예배드리러 가지 못하게 막습니다. 그것에 실패하면 예배드리는 도중에 온갖 잡념과 근심, 걱정을 통해 하나님께 집중하지 못하도록 방해합니다. 만일 그것도 실패하면, 예배 이후에 악한 생각을 통해 서로 싸우게 만들어 예배 때 받은 은혜를 다 쏟아버리게 합니다.

이 모든 일이 왜 벌어질까요? 마귀의 공격, 마귀가 넣어 주는 '악한 생각' 때문입니다. 모든 일의 시작은 생각입니다. 그리고 이렇게 해서 죄를 일으키는 여덟 가지 뿌리가 정리된 것입니다. 그러다가 6세기의 그레고리우스 1세가 그의 책《Moralia》에서 교만을 일곱 가지 죄 혹은 악덕의 뿌리로 삼고, 그 뿌리에서 나오는 죄들을 허영, 시기, 분노, 우울, 탐욕, 탐식(폭식), 정욕으로 정리하면서 영적인 죄에서 육적인 죄의 순서로 배치했습니다.[7] 그리고 그것을 다시 토마스 아퀴나스가 우울을 나태로 통합하고 재정리했습니다. 이 일곱 가지 죄가 다른 표현으로 '일곱 가지 큰 악덕'(the Seven Capital Vices)이라고 불린 이유는, 개별 죄가 아니라 생각, 느낌, 행동의 기질적 패턴에 대한 이야기이기 때문이기도 합니다.[8] 죄의 행동들이 축적되어 습관이 되면 그것이 결국 누군가의 일그러진 인격이 되기 때문입니다.

도로시 세이어즈는 이 일곱 가지 죄 중에서 정욕, 분노, 탐식은 온정적인 죄(혹은 창피한 죄)로 부르고, 탐욕, 질투, 나태, 교만은 냉담한(혹은 명예로운) 죄로 구분합니다.[9] 그녀의 이러한 구분은 그리스도께서 창피한 죄들에 대해서는 비교적 부드럽게 책망하신 반면(예를 들어, 요한복음 8장의 간음한 여인), 냉담한 죄들에 대해서는 가장 격렬한 욕설을 퍼부으셨기 때문입니다(예를 들어, 바리새인을 향한 예수님의 격노). 하지만 그녀는 오늘날 교회가 그리스도와는 반대로 행하고 있다고 지적합니다. 즉 비교적 온정적인 죄에 대해서는 통렬한 비판을 가하면서도, 냉담한 죄에 대해서는 관대하다는 것입니다. 가령 교회는 정말 탐욕에 대해서, 교만에 대해서 치명적인 죄라고 말하고 있습니까? 정말 그렇게 생각하고 있습니까? 실제로 우리 자신을 면밀히 살펴보면, 보이는 죄, 드러나는 죄에 대해서는 민감하지만, 정작 더 치명적이고 영적인 죄인 교만이나 탐욕에 대해서는 비교적 관대하거나, 혹은 도로시 세이어즈의 표현대로 '우리는 모두 한통속'[10]인지도 모릅니다.

이런 점에서 예수 동행을 가로막는 일곱 가지 치명적인 죄를 통해 자신의 영혼을 검진하는 일은 영적 성장과 성숙에 매우 유익합니다. 우리는 이 죄악들과 한통속인지도 모른 채, 영혼을 죽이는 암세포가 침투한지도 모른 채 살아가고 있는지도 모르기 때문입니다. 그렇다면 이어지는 챕터들을 통해 각각의 죄의 특징은 무엇이며, 어떻게 죄들과 싸워 이길 수 있는지를 살펴보겠습니다.

1

모든 죄의 뿌리가 되는 '교만의 죄'

높아진 자아를
성령님께 점검 받으라

"내가 오늘 네게 명하는 여호와의 명령과 법도와 규례를 지키지 아니하고 네 하나님 여호와를 잊어버리지 않도록 삼갈지어다 네가 먹어서 배부르고 아름다운 집을 짓고 거주하게 되며 또 네 소와 양이 번성하며 네 은금이 증식되며 네 소유가 다 풍부하게 될 때에 네 마음이 교만하여 네 하나님 여호와를 잊어버릴까 염려하노라 … 그러나 네가 마음에 이르기를 내 능력과 내 손의 힘으로 내가 이 재물을 얻었다 말할 것이라 네 하나님 여호와를 기억하라 그가 네게 재물 얻을 능력을 주셨음이라"(신 8:11-18).

"그러나 더욱 큰 은혜를 주시나니 그러므로 일렀으되 하나님이 교만한 자를 물리치시고 겸손한 자에게 은혜를 주신다 하였느니라 그런즉 너희는 하나님께 복종할지어다 마귀를 대적하라 그리하면 너희를 피하리라"(약 4:6-7).

가장 치명적이고 은밀한 죄, 교만

예수 동행을 가로막는 일곱 가지 죄 중에서 가장 치명적인 죄는 바로 교만입니다. 교만은 모든 죄의 뿌리이기 때문입니다. 교만은 근본적인 악덕이며 다른 모든 악덕을 낳습니다. C. S. 루이스는 교만을 "철저히 반 하나님적인 마음의 상태"라고 했습니다.[11] 조나단 에드워즈(Jonathan Edwards)는 자신이 쓴 《부흥론》에서 교만을 "세상에 들어온 최초의 죄이며, 마지막으로 뿌리 뽑힐 죄요, 하나님의 가장 완악한 원수이며, 마귀의 첫 자식"이라고 칭했습니다.[12]

본래 교만은 초기 여덟 가지 목록 중에서 가장 마지막에 있었습니다. 왜 그럴까요? 수도사들이 금식하며 탐식을 끊었습니다. 음욕도 피했습니다. 소유를 포기하며 탐욕도 버렸습니다. 열심히 노동하며 나태도 극복했습니다. 이렇게 하나씩, 하나씩 악한 생각과 싸우며 이겨 나갔습니다. 그런데 마지막까지 남아서 가장 끈질기게 괴롭히며 교묘하고도 은밀하게 죄를 짓게 하는 것이 있었으니, 그것이 바로 영적 교만이었습니다.

금식하고, 물질도 내려놓고, 음욕도 물리치고, 노동하며 성실하게 살고 났을 때 슬며시 드는 생각이 무엇일까요? '너 참 대단하다. 너 같은 사람이 어디에 있겠어? 역시 너는 저 사람들과는 달라.' 이것이 바로 영적 교만이요, 영적 우월감입니다. 탐심과 음욕과 분노와 나태의 죄를 다 이긴 것 때문에 오히려 더 강하게 다가오는 죄가 교만입니다. 교만이 얼마나 무서운지, 교만의 반대인 겸손만으로는 교만을 온전히 치유할 수 없습니다. 왜 그럴까요? 이런 말이 있습니다.

"교만과 겸손의 사다리는 병행한다."

겸손해질수록 그 겸손함 때문에 교만해질 수 있고, 그로 인해 추락할 위험이 더더욱 커진다는 것입니다. 자신의 겸손에 대한 자부심 때문에 자기 자신을 조금도 의심하지 않는 것입니다. 교만의 본질은 '자기 자신을 너무 높이 평가하는 것'입니다. 그런데 스스로를 과대평가하는 그 자신은 그 사실을 잘 알지 못합니다.

조나단 에드워즈는 교만 중에서도 영적 교만이야말로 사탄의 가장 주된 특징이라고 지적합니다. 왜 대천사였던 자가 사탄으로 타락하게 되었습니까? 그가 하나님 바로 옆에서 그분의 얼굴을 뵈었고, 그분과 신적 지식을 가장 많이 알고 경험했다고 확신했기 때문입니다. 하나님과 가깝다는 것이 얼마나 복입니까? 그분 바로 곁에서 그분의 영광을 본다는 것은 특권 중에 특권일 것입니다. 그러나 그러한 특권과 영적 지식과 경험들이 대천사로 하여금 타락하게 만든 원인이 되었습니다. 더 높고도 깊은 영적 지식과 경험들이 그를 자고하게 해 자신을 마치 하나님인 양 착각하게 만든 것입니다. 이것이 바로 교만입니다.

존 밀턴(John Milton)은 《실낙원》에서 사탄이 어떻게 천국에서 쫓겨나게 되었는지를 다음과 같이 묘사합니다.

> 저 지옥의 뱀, 바로 그 자였다. 그가 질투와 복수심에 불타서 교활한 술수로 인류의 어머니를 속였다. 그 때에 그는 자신의 교만 때문에 자신의 군대인 반역 천사들과 함께 천국으로부터 쫓겨나 있었다. 반역을 일으키기만 한다면, 그들의 도움으로 자신의 동료들보다 더 큰 영광을 얻어서 지존자와 대등해질 것이라고 믿고서, 야망을 품고 하나님의 보좌와 왕권에 대항하여 천국에서 불경스러운 전쟁이자 오만방자한 싸움을 일으켰지만, 그것은 헛된 시도였다. 전능자에게 도전하여 반기를 든 그는 전능하신 분에 의해 불길에 휩싸여서 타들어가는 가운데 영기천으로부터 거꾸로 내던져져서 무저갱으로 끔찍하게 추락하여, 거기에서 금강 사슬에 묶인 채로 형벌의 불 속에서 살게 되었다.[13]

사탄은 '자신의 교만' 때문에 쫓겨났습니다. 왜 교만이 있었습니까? 그는 자신이 지존자, 곧 전능자와 대등해질 수 있다고 믿습니다. 아이러니하게도 교만은 하나님과 가장 가까이 있음으로 일어난 마음입니다. 그래서 《부흥론》에서 조나단 에드워즈는 이렇게 말합니다.

타락한 천사들이 처해 있던 상황 속에는 그들을 겸손하게 만들고 교만을 멀리하게 할 요인들이 많았습니다. … 그러나 깨어 있지 못했기 때문에 그들의 커다란 명예와 하늘의 특권이 교만을 자극하는 결정적인 유혹이 되어 버렸습니다. 그들에게 교만의 습관이 전혀 없었음에도 불구하고 말입니다. 그러므로 어떤 성도를 막론하고 아무리 탁월하고 하나님께 가까이 있는 자라 할지라도 스스로 이 위험에서 벗어나 있다고 생각하지 말아야 합니다. 스스로 이 위험에서 가장 멀리 벗어나 있다고 생각하는 자야말로 사실은 가장 위험한 자입니다.[14]

교만은 마귀가 우리의 약점이 아니라 강점을 공격하는 죄입니다. 마귀는 자신의 강점 때문에 교만해졌고 타락했습니다. 그래서 마귀는 사람들의 강점을 부추겨서 치켜세웁니다. 그리고 그 사람을 결국 추락하게 만듭니다. "지옥으로 가는 길은 좋은 의도로 포장되어 있다"는 말이 있습니다.[15] 좋은 의도와 하나님이 주신 은사와 강점, 얼마나 좋습니까? 그러나 아무리 좋은 의도라도 그것이 목적이 된다면, 그 선한 의도는 얼마든지 지옥으로 가는 길이 될 수 있습니다. 이 점은 교만이 가진 위험성과 기만성을 보여 줍니다. T. S. 엘리엇(Thomas Stearns Eliot)은 인간의 선행 안에 감추어진 죄의 위험성을 이렇게 경고했습니다.

죄는 선행과 함께 자라오.
하나님의 종은 왕을 섬기는 사람보다
더 큰 죄를 짓고 슬픔에 빠질 위험이 있다오.
더 큰 목적을 위해 섬기는 자들은
그 목적이 자기를 섬기게 할 소지가 있기 때문이오.
옳은 일을 하면서도 말이오.[16]

하나님이 주시는 비전과 꿈이 있습니다. 하지만 하나님의 꿈을 가장하여 자신의 꿈을 내세울 수도 있습니다. 하나님 나라와 열방을 섬긴다는 고귀한 목적을 내세우면서 자기의 욕망을 위해 아름답게 선의로 포장할 수도 있다는 뜻입니다. 얼마나 섬뜩한 경고입니까? 아담과 하와가 선악을 알게 하는 나무의 열매를 먹고자 했던 이유는 탐식이 아니었습니다. 하나님의 형상에 만족하지 않고 그분의 자리에 올라 그분과 같이 되려 했던 오만한 욕망 때문이었습니다. 그렇기 때문에 비전과 목적이 거대하고 클수록 행여 선행이라는 명분과 함께 교만의 죄가 은밀하고도 깊이 뿌리 내리고 있는 것은 아닌지, 우리 내면과 영혼을 성령의 빛과 말씀의 거울에 비추어 면밀히 살펴보아야 합니다.

또한 교만은 관계에도 큰 영향을 미칩니다. 조나단 에드워즈에 따르면, 교만한 자는 모든 사람이 자신의 도움을 원한다고 생각합니다. 그리고 다른 사람을 쉽게 의심하고 자신에 대해 확신을 갖습니다. 반면 겸손한 자의 특징은, 자신은 모든 사람의 도움이 필요하다고 생각합니다. 그리고 자기 자신에 대해 아주 회의적이고, 자신의 마음을 세상에서 가장 의심스러운 것으로 여깁니다. 자신을 믿을 수 없는 것입니다.

아주 겸손한 그리스도인은 자신을 돌아보는 일에 너무나 바쁘며 자기 마음에서 너무 많은 악을 발견하고 그것에 주목하느라 다른 사람들의 마음을 살필 겨를이 별로 없습니다. 그는 자기 자신에 대해 가장 많이 불평하며 자기 자신의 냉랭함과 은혜 부족을 슬퍼하며 다른 사람들을 자신보다 더 낫게 여깁니다.[17]

교만 중에도 영적 교만이 가장 무서운데, 이 영적 교만은 세상 누구보다 온유했던 모세조차도 이길 수 없었던 죄입니다. 민수기 20장을 보십시오. 그는 지팡이로 반석을 치면서 "우리가 너희를 위하여 이 반석에서 물을 내랴"(민 20:10) 하고 말합니다. 하나님은 분명 반석을 향해 명령하면 물이 나온다고 말씀하셨는데, 모세는 반석을 지팡이로 쳤습니다. 마치 자신이 물을 나오게 하는 것처럼 말입니다. 게다가 그는 '우리'라고 말합니다. 우리라니요? 물은 모세가 아니라 하나님이 내시는 것입니다. 그런데 그는 '우리'라고 말합니다. 바로 이것이 모세가 가나안 땅에 들어가지 못한 이유입니다. 모세도 이기지 못했는데 하물며 우리겠습니까? 조나단 에드워즈는 모세의 이야기를 다루면서 이렇게 말합니다.

> 모세는 하나님을 보는 놀라운 체험을 했고 그분과 친밀하고 달콤한 교제를 누리는 특권을 가졌으며 하나님이 자신을 하나님의 교회를 위해 크게 유익을 끼치는 도구로 삼으셨기 때문입니다. … 하지만 유혹은 그가 감당할 수 없을 만큼 강했습니다. … 이런 유혹을 이기기 위해서는 많은 겸손함과 하나님의 도우심이 있어야 합니다. 유혹과 위험이 클수록 우리는 더 경성하고 기도하며 자기를 "불신"해야 합니다.[18]

자신이 영적 교만에 빠지지 않으리라는 확신을 갖지 말고 불신하라는 것입니다.

제 이름은 다윗(한자 때문에 '다위'가 되었습니다)입니다. 그리고 저희 집에는 나단 선지자와 같은 분이 살고 있습니다. 그분은 종종 제가 행한 일에 대해 격려하고 응원해 주지만, 때로는 제가 행한 일에 대해 가차 없이 선지자적 사명을 감당하곤 합니다. 그럴 때마다 교만한 제 자아의 첫 반응은 '나를 뭐로 보고 그러지?' 하는 자기 방어입니다. 그러나 겸손한 영혼의 반응은 시간이 지난 후에 '맞아, 그 말이 맞아. 나를 바로 보았어'입니다. 저는 저와 함께 사는 그분으로 인해 저 자신을 불신하는 일에 큰 도움을 받고 있습니다. 다윗은 그의 실상을 드러내 주는 나단이 있었기에 그 다윗이 된 것입니다. 나단도 또 다른 나단의 역할을 감당해 주는 사람이 있었기에 그 나단이 된 것입니다.

교만은 하나님을 대적하는 것입니다. 교만은 죽음과 지옥으로 인도하는 치명적인 죄요, 죄의 뿌리입니다. 교만한 자는 하나님이 주시는 은혜를 누리기가 어렵습니다. 그래서 교만은 가장 드러나지 않으며 영혼 전체를 파괴시킬 수 있는 죄입니다.

교만은 단지 성화의 문제가 아닙니다. 우리가 교만을 버리고 겸손해서 주님을 더 닮을 것인가 말 것인가의 문제가 아니라는 뜻입니다. 교만은 영혼이 죽는 문제입니다. 잠언 18장 12절을 보십시오.

"사람의 마음이 오만하면 멸망이 뒤따르지만, 겸손하면 영광이 뒤따른다"(새번역).

영혼의 교만은 곧 멸망이요, 죽음입니다. 사망입니다. 그리고 교만은 하나님을 대적하는 것입니다. 하나님을 적으로 만드는 것이 교만입니다. 반면 겸손한 자에게는 은혜를 베풀어 주십니다.

교만한 자의 특징

그렇다면 우리가 현재 교만의 영, 교만의 악한 생각에 사로잡혀 있는지 아닌지를 어떻게 알 수 있을까요? 본문에 몇 가지 힌트가 나옵니다.

하나님을 잊어버림

"네 마음이 교만하여 네 하나님 여호와를 잊어버릴까 염려하노라 여호와는 너를 애굽 땅 종 되었던 집에서 이끌어 내시고"(신 8:14).

우리의 마음이 교만하게 되면 나오는 첫 번째 증상은 하나님을 잊어버리는 것입니다. 하루에도, 주 중에도 하나님이 잘 생각나지 않습니다. 오로지 내 일, 내 업무, 내 가족, 내가 하나님보다 사랑하는 그 어떤 것이 생각나지, 하나님은 잊어버립니다. 하나님을 설령 잊지 않았다 해도 사실상 잊어버렸음을 알수 있는 것은 바로 찬양과 감사가 있는 예배를 통해서입니다. 위대하신 하나님 그리고 그 하나님이 행하신 위대한 일 때문에 찬양의 고백이 마음에서 우러나 흘러나오는지, 아니면 그냥 형식적으로 찬양하는지를 보십시오. 찬양이 메마르고 감격이 없다면 이미 교만의 영에 사로잡혀 있다는 증거일 수 있습니다. 교만한 자는 절대로 하나님을 찬양할 수 없습니다.

또한 교만하면 감사하지 않습니다. 감사하기보다 모든 것을 당연하게 생각하고 마땅한 권리라고 여깁니다. 본문인 신명기 8장 12-13절을 보십시오. 먹어서 배부르고, 아름다운 집이 있고, 소와 양이 번성하여 재산이 증식되는 일로 인해 하나님을 찬양하고 감사할 수도 있습니다. 그러나 반대로 그것으로 인해 하나님을 완전히 잊어버릴 수도 있습니다. 교만해졌기 때문입니다. 교만해진 증거는 바로 입술의 감사가 사라졌다는 것입니다.

하나님을 잊어버린다는 것의 의미는 하나님을 의지하지 않는다는 것입니다. 하나님을 의지하지 않고도 무엇인가를 잘한다면 그것이 바로 교만의 증거입니다. 당신은 가정을 돌보거나 자녀를 키우거나 회사에서 일할 때 기도하며 하나님을 의지하고 있습니까? 하나님을 사랑하고 믿는다면서 그분을 의지하지 않는 것 자체가 교만하다는 증거입니다.

저는 묵상하고 기도하지 않으면 말씀 준비가 되지 않습니다. 그러다 보니 때로는 이런 마음이 듭니다.

'주님, 저에게 능력을 주셔서 설교 준비라는 해산의 고통을

겪지 않아도 말씀을 전할 수 있게 해 주세요.'

그런데 어느 날, 주님이 이런 마음을 주셨습니다.

'그게 은혜다. 네가 너의 능력으로 말씀을 전하면 넌 절대 나를 의지하지 않을 거야. 넌 교만해질 거야.'

그때 저는 마지막까지 말씀을 놓고 기도하게 하시는 이 자체가 얼마나 큰 은혜인가를 깨달았습니다. 기도하거나 하나님께 나아가지 않으면서도 말씀을 전하게 된다면, 맡겨진 일을 잘하게 된다면, 그것은 복이 아니라 저주요, 재앙입니다.

당신의 마음은 어떻습니까? 무엇을 하든지 늘 주님을 생각하고 의지합니까? 교만의 증상은 하나님을 잊는 것입니다. 자신의 힘을 의지하는 것입니다. 기도하지 않고 타고난 재능과 노력으로 무엇이든 잘 해내려고 하는 것입니다.

자기 자랑

"그러나 네가 마음에 이르기를 내 능력과 내 손의 힘으로 내가 이 재물을 얻었다 말할 것이라"(신 8:17).

우리가 가진 재물이 얼마든 먹을 것이 있고 입을 것이 있고 잘 곳이 있다면 모두가 하나님의 은혜요, 선물입니다. 그런데 교만의 영이 임하면 이것을 우리의 능력과 손의 힘으로 얻은 것이라고 착각합니다. 앞의 말씀에서 '나'라는 표현이 세 번이나 사용되고 있음에 주목하십시오. 교만은 하나님의 위치에 자신을 두는 것입니다. 교만은 결국 자기 영광의 추구요, 자기 숭배입니다.

느부갓네살 왕이 바벨론이라는 제국을 이룬 후 왕궁을 거닐며 자화자찬을 합니다.

"열두 달이 지난 후에 내가 바벨론 왕궁 지붕에서 거닐새 나 왕이 말하여 이르되 이 큰 바벨론은 내가 능력과 권세로 건설하여 나의 도성으로 삼고 이것으로 내 위엄의 영광을 나타낸 것이 아니냐 하였더니"(단 4:29-30).

누군가가 교만의 영에 사로잡혀 있다는 증거 중에 하나는 모든 일의 근원을 자신으로 삼는다는 것입니다.

'내가 해서 그런 거야. 내가 없으면 일이 안 돼.'

물론 느부갓네살의 바벨론이 그 당시 가장 크고 강력한 제국이었던 것은 역사적 사실입니다. 그러나 그렇다고 해서 그것이 느부갓네살 왕의 능력 때문에 그렇게 된 것은 아닙니다. 다니엘 4장 17절을 보십시오. 그가 그때에 그곳에 세워진 이유는, 사람의 나라를 다스리시는 주께서 당신의 뜻대로 그 나라를 그에게 주셨기 때문입니다. 하나님이 권세를 주시지 않으면 어느 누구도 그것을 받을 수 없습니다. 그런데 왕은 착각을 하고 자기 자랑을 늘어놓습니다.

"내가 능력과 권세로 건설하여 나의 도성으로 삼고 이것으로 내 위엄의 영광을 나타낸 것이 아니냐!"

하나님은 이러한 느부갓네살 왕을 바로 치셨습니다. 이처럼 교만은 곧 멸망이요, 사망입니다. 교만은 하나님을 적으로 만드는 것입니다.

당신은 최근에 무엇을 자랑하고 싶었습니까? 우리가 자랑해야 할 분은 오직 하나님뿐입니다. 오직 우리는 십자가만 자랑해야 합니다. 우리는 하나님이 없으면 아무것도 아닙니다.

자기 연민

자기 자랑과 자기 연민은 전혀 달라 보여도 사실은 교만에서 나오는 두 가지 열매입니다. 존 파이퍼는 그의 책 《하나님을 기뻐하라》에서 자기 자랑과 자기 연민의 유사점을 이렇게 설명하고 있습니다.

자랑은 성공에 대한 교만의 반응이다. 자기 연민은 고난에 대한 교만한 반응이다. 자랑은 "내가 이렇게 대단한 것을 성취했으니 나는 존경을 받아 마땅해"라고 말한다. 자기 연민은 "내가 이렇게 많이 희생했으니 나는 존경을 받아 마땅해"라고 말한다. … 자기 연민이 교만으로 보이지 않는 것은 도움이 필요한 듯 보이기 때문이다. … 자기 연민은 다른 사람이 자신을 무력한 자가 아니라 영웅으로 봐 주기를 원한다. 즉 자기 연민이 느끼는 결핍은 자신이 무가치하다는 생각에서 나오지 않고 가치를 인정받지 못했다는 생각에서 나온다. 자기 연민은 갈채 받지 못해 상처 받은 교만의 반응이다.[19]

다시 말해, 자기 연민은 갈채 받지 못한 '교만의 반응'이라는 것입니다. '내가 이렇게까지 희생했는데 왜 박수를 안 쳐 주지? 내가 이렇게 노력했는데, 내가 이렇게 유능한데 왜 난 무명인이지? 왜 날 알아주지 않지?' 교만의 또 다른 형태인 이 자기 연민은 아주 교묘하고 기만적이기에 이것이 교만인지 알아차리기란 매우 어렵습니다.

사람은 누구나 가족 및 동료들과 같은 주위 사람들을 통해 칭송받고 싶어 합니다. 그러나 자신이 애쓴 만큼 칭찬과 보상을 받지 못했다고 느낄 때 그 불편한 마음의 반응이 바로 자기 연민이고, 그것이 바로 교만의 한 형태입니다. 자신은 그런 대접을 받을 만한 사람이 아니라는 것입니다.

기억하십시오. 하나님을 잊어버려 감사와 찬양이 점점 사라지고 자기 자랑과 자기 연민에 사로잡혀 사는 사람은 그 안에 이미 교만의 영이 자리 잡고 영향을 미치고 있다는 증거입니다. 이런 증상들이 있다면 결코 가만 놔둬서는 안 됩니다. 이것들이 결국 우리 영혼을 서서히 죽이고, 하나님과 동행하는 여정에서 우리의 발목을 잡기 때문입니다.

자기 방어

영적 교만의 또 다른 증상은 자기 방어, 영적 경직성입니다. 어떤 일을 판단하는 방식에 있어 자신이 옳고 남들보다 우월하다고 믿기에 자연적으로 타인의 의견이나 견해에 대해 수용적이기보다는 방어적이고 경직된 성향을 보입니다.

자기 방어와 자기 우월은 서로 연결되어 있습니다. 물론 본질에 있어서는 타협해서는 안 됩니다. 하지만 영적으로 교만하면 본질이 아닌 부분에 대해서도 의견이나 뜻을 굽히지 않고 자기의 옳음을 끝까지 고집합니다. 그럼으로써 결국 타인과 자신을 분리하고 차별화시키려 합니다. 이것이 더 심해지면 자기와 의견이 다른 이들을 '다름'이 아니라 '틀림'으로 규정하고 비난합니다. 이러한 태도는 예수님께서 사람들의 비판에도 그저 잠잠하셨던 것과는 대조적입니다. 또한 다윗이 압살롬의 반역으로 인해 피난을 갈 때, 시므이의 거센 비난 앞에서 자신을 정당화하려 하기보다 하나님께서 자신을 더욱 낮추시려는 뜻으로 여겨 그것을 겸허한 마음으로 수용했던 것과는 전혀 다른 모습입니다. 우리는 우리 안에 타인의 소리를 경청하지 않고 그저 방어적으로만 대하려는 모습이 없는지를 철저히 점검해 보아야 합니다.

교만, 어떻게 싸울 수 있는가

그렇다면 어떻게 교만과 싸워 이길 수 있을까요?

생각의 근원을 분별하고 말씀으로 대적하라

"그런즉 너희는 하나님께 복종할지어다 마귀를 대적하라 그리
하면 너희를 피하리라"(약4:7).

마귀가 예수님을 찾아가 유혹했던 것을 기억하십시오. 하물
며 우리 인간이야 어떻겠습니까? 그렇기에 분별하여 마귀를
대적해야 합니다. 그러면 피한다고 했습니다. 마귀를 대적하
지 않으면 마귀는 계속해서 그 사람을 생각으로 조종합니다.
처음에는 생각을 던져 주다가, 대적하지 않으면 그 사람의 생
각에 둥지를 틀고 자리를 잡습니다. 그리고 견고한 진이 되어
그 사람의 생각과 가치관과 세계관을 사로잡습니다. 그 영혼
을 죽음으로 인도하는 것입니다.
　예수 동행을 가로막는 일곱 가지 죄를 대적하는 시작은 대
상을 파악하는 일입니다. 적과 싸우려면 가장 먼저 그 대상을
파악해야 합니다. 적이 누구이며 어떻게 다가오는지, 어떻게
공격하는지를 알아야 합니다. 그래야 적의 공격을 막을 수 있
고, 그 공격에 대비할 수 있습니다. 만일 적이 누구인지 모른다

면 속수무책으로 당할 수밖에 없습니다.

악한 생각, 악한 영, 곧 죄와의 싸움의 전쟁터는 바로 우리의 '생각'입니다. 이 싸움은 바로 악한 생각과의 싸움이고, 이것이 핵심입니다. 우리가 품고 있는 생각이 어디로부터 온 것인지를 분별하는 것이 기초이고 시작입니다. 우리 안에 있다고 해서 다 우리의 생각이 아닙니다. 거기에는 가라지와 같은 생각도 섞여 있습니다. 마귀가 심어 주는 생각입니다.

우리의 의지와 행동은 생각에서 시작됩니다. 그렇기에 생각에서 악한 영을 처단하지 않으면 이 죄와의 싸움에서 이길 수가 없습니다. 생각의 입구에 파수꾼을 세우고, 이 생각이 어디에서 온 것인지를 분별해야 합니다.

여호수아 5장에 보면 여호수아가 여리고에 가까이 갔을 때 어떤 사람이 손에 칼을 들고 서 있었습니다. 그때 여호수아가 이렇게 묻습니다.

"너는 우리 편이냐, 우리 원수의 편이냐?"

그의 정체를 분별하기 위해 질문을 던진 것입니다. 그는 원수가 아니라 하나님의 군대 장관이었습니다. 우리가 해야 할 일이 바로 이것입니다. 우리의 머릿속에 들어오는 생각들을 하나하나 모두 검열해야 합니다.

'너는 우리 편이냐, 원수의 편이냐?'

우리 머릿속의 생각이 다 우리의 생각은 아닙니다. 우리의 생각도 있겠지만, 그 생각 속에는 가라지가 섞여 있습니다. 서운한 마음, 불평의 마음, 원망의 마음, 바로 이것이 사탄이 몰래 심어 주는 생각입니다. 반드시 이러한 생각들을 사로잡아야 합니다. 그리고 말씀을 기준으로 분별하고 마귀를 말씀으로 대적해야 합니다.

이에 대한 좋은 예가 있습니다. 에바그리우스를 비롯한 사막의 수도사들이 악한 생각과 영에 대적했던 방법입니다. 어느 날 에바그리우스에게 교만의 영이 찾아와 이렇게 말했다고 합니다. "당신은 나무랄 데 없고 불순한 생각조차 하지 않는 사람입니다. 당신을 찬양합니다."

그러자 그는 이 교만의 영에게 맞서서 말씀으로 이렇게 대적했습니다.[20]

"아브라함이 대답하여 이르되 나는 티끌이나 재와 같사오나 감
히 주께 아뢰나이다"(창 18:27).

자신을 뭔가 대단한 사람인 양 치켜세우는 교만의 영에게 말씀으로 대적한 것입니다. 또 하나님의 도움을 거부하고 승리를 자기 능력으로 돌리려는 교만한 생각이 들자 그는 시편의 말씀으로 응수합니다.

"나는 내 활을 의지하지 아니할 것이라 내 칼이 나를 구원하지 못

하리이다 오직 주께서 우리를 우리 원수들에게서 구원하시고 우리를 미워하는 자로 수치를 당하게 하셨나이다"(시 44:6-7).

이것은 정확히 예수님이 광야에서 사탄을 물리칠 때 쓰셨던 방법입니다. 자신에게 절하면 세상의 영광을 주겠다며 헛된 영광과 교만을 부추기는 사탄을 주님은 말씀으로 물리치셨습니다.

"이에 예수께서 말씀하시되 사탄아 물러가라 기록되었으되 주 너의 하나님께 경배하고 다만 그를 섬기라 하였느니라"(마 4:10).

당신의 머릿속에 들어오는 교만하게 하는 생각을 분별하십시오. 그리고 말씀으로 대적하십시오.

십자가를 깊이 묵상하라

우리는 십자가를 통해 우리가 어떠한 형편에 있었고 하나님께서 우리에게 어떤 구원을 베푸셨는지를 자주, 깊이 묵상해야 합니다. 교만의 영과 생각이 들어오지 못하도록 막는 가장 좋은 방법은 들어올 틈도 없이 다른 것으로 가득 채우는 것입니다. 그것이 무엇일까요? 하나님과 그분이 행하신 일들입니다. 신명기 8장 14절을 보십시오.

"네 마음이 교만하여 네 하나님 여호와를 잊어버릴까 염려하노라 여호와는 너를 애굽 땅 종 되었던 집에서 이끌어 내시고."

우리가 어떤 형편이었습니까? 애굽 땅에서 종 되었던 죄의 노예였습니다. 무엇을 해도 죄를 지을 수밖에 없는, 죄에 찌들어 있던 자들이 우리입니다. 스스로는 그 죄의 사슬을 절대로 끊을 수 없어 죄 중에 망할 수밖에 없던 이들이 바로 우리입니다. 이런 우리를 하나님이 어떻게 이끌어 내셨습니까? 유월절 어린양의 피로 이끌어 내셨습니다. 그래서 여호와를 기억하라고 하는 것입니다(신 8:18). 예수님도 성찬을 베풀면서 "나를 기념하라"(기억하라, 눅 22:19)라고 말씀하셨습니다. 이것은 현재형으로, 항상 기억하라는 것입니다. 어제도, 오늘도, 내일도, 매 순간 기억해야 합니다. 우리는 십자가를 바라볼 때마다 그 사실을 절대로 잊어서는 안 됩니다. 우리가 어떤 형편에 있었고 얼마나 끔찍한 죄인이었는가를 잊어서는 안 됩니다. 동시에 우리가 얼마나 큰 사랑을 받았는지, 우리는 도저히 갚을 수 없는 죗값을 탕감 받은 존재라는 사실을 십자가를 볼 때마다 깊이 묵상해야 합니다. 우리가 주님 앞에 겸손해질 수 있는 길은 십자가로 더욱 가까이 가는 것입니다. 그럴 때 교만은 그 힘을 잃습니다. 교만이 고개를 드는 이유는 우리가 십자가로부터 멀어지기 때문입니다. 그러므로 날마다 십자가를 깊이 묵상해야 합니다. 십자가에 더 가까이 가야 합니다.

하나님과 자신을 묵상하라

교만은 인간이 자신의 실상을 제대로 파악하지 못함에서 옵니다.

청교도 신학자인 존 오웬(John Owen)은 그의 책《신자 안에 내재하는 죄》에서 영혼이 겸손하기 위해서 살펴야 할 두 가지를 언급했습니다. 하나는, '하나님에 대한 적절한 성찰'이고, 다른 하나는, '우리 자신에 대한 적절한 파악'입니다. 그는 이렇게 말했습니다.

영혼이 겸손하기 위해 살펴야 할 두 가지 사실이 있습니다. 하나는 하나님에 대한 적절한 성찰이고, 다른 하나는 자신에 대한 적절한 파악입니다. 하나님에 대해서는 그분의 위대하심, 영광, 거룩하심, 권능, 엄위하심 그리고 권위 등을 적절히 성찰해야 하고, 우리 자신에 대해서는 우리의 비천하고 절망적이며 죄로 얼룩진 상태를 파악해야 합니다. 그런데 우리의 상태로는 무엇을 하더라도 우리 앞에 놓여 있는 죄와 싸워 승리하는 목적과 목표를 이룰 만한 것이 아무것도 없습니다. 우리의 마음과 본성 속에는 아직도 하나님에 대한 적의의 끔찍한 잔재가 남아 있기 때문입니다. 따라서 기꺼이 이러한 현실을 인정하고 실상을 파악하기 위해 진리의 말씀의 도움을 받아 말씀이 마음의 은밀한 부분을 살피고 그 안에 어떤 악과 부

패함이 들어 있는지 낱낱이 드러낸 것을 기꺼이 인정하는 것은 영
혼이 은혜 아래 있음을 보여 주는 결정적 증거입니다.[21]

그러므로 항상 하나님을 바라보고 말씀을 통해 하나님과 그
분의 성품, 그분이 행하신 일들을 깊이 묵상해야 합니다. 동시
에 인간의 삶이란 잠깐 나타났다가 사라져 버리는 안개에 지
나지 않음을 기억해야 합니다(약 4:14). 목회자로서 장례식을 여
러 차례 섬기다 보면 거의 매번 깨닫는 것이 있습니다. 인생은
매우 길어 보이지만, 실상 한순간이라는 사실입니다. 인생은
풀과 같고 사라질 안개와 같습니다. 아무리 대단한 권력과 부
를 누린 자라 하더라도 영원한 육체는 없습니다. 누구나 죽음
을 맞이합니다. 인간은 피조물이지 조물주가 아닙니다. 장례
예배를 섬길 때마다 죽음 앞에서 하나님과 저 자신을 제대로
묵상하게 됩니다. 그리고 한없이 낮아지고 겸손해지는 은혜를
누립니다. 하나님과 자신을 말씀을 통해 묵상하는 것은 겸손
에 큰 유익이 됩니다.

고난으로 인한 겸손의 옷을 입으라

시편 119편을 쓴 기자는 자기가 어떻게 교만을 버리고 겸손해
질 수 있었는지를 이렇게 고백합니다.

"내가 고난을 당하기 전까지는 잘못된 길을 걸었으나, 이제는 주님의 말씀을 지킵니다"(시 119:67, 새번역).

이전에는 잘못된 길, 자신의 마음대로 사는 길, 곧 교만의 길을 걸었지만, 이제는 주님의 말씀을 따라 산다고 고백합니다. 왜입니까? 고난을 겪었기 때문입니다. 하나님께서 우리의 교만을 꺾으시는 주요 수단 중 하나는 바로 고난입니다. 우리에게는 너무나 고통스러운 일이지만, 사실 영적으로 보면 교만을 꺾고 겸손의 뿌리를 주님께 내리게 하는 복이 고난입니다. 그의 계속되는 고백을 보십시오.

"고난을 당한 것이, 내게는 오히려 유익하게 되었습니다. 그 고난 때문에, 나는 주님의 율례를 배웠습니다"(시 119:71, 새번역).

고난을 통해 주님의 율례, 곧 주님이 지어 주시는 한계를 배웠다는 것입니다. 율례란 나의 한계, 곧 나의 자리와 위치를 아는 것입니다. 나는 피조물이고 그분은 창조주임을 아는 것, 나는 빈 그릇이고 그분은 모든 것을 채워 주시는 분임을 아는 것입니다. 이 율례를 알면 자기 비하에 빠지지 않습니다. 왜냐하면 우리가 하나님의 형상대로 지음 받은 피조물, 곧 하나님이 지극히 사랑하고 기뻐하시는 자녀임을 알게 되기 때문입니다.

"이는 내 사랑하는 아들이요, 딸이라!"

자신이 하나님에 의해 빚어진 세상에 단 하나밖에 없는 작품이요, 그릇임을 아는 사람은 자기 비하나 혐오에 빠지지 않습니다. 또한 율례를 알면 교만에도 빠지지 않습니다. 아담처럼 하나님이 되고자 자신의 위치와 자리를 벗어나지 않습니다. 하나님의 형상대로 지음 받은 인간은 이성과 감정과 의지에 신적 능력이 내재되어 있습니다. 정말 대단한 잠재력을 갖고 있고, 또한 발휘합니다. 그러나 율례를 아는 자는 그래 봤자 자신이 인간이고 피조물임을 인식합니다.

야고보서 4장 6절은 하나님이 겸손한 자에게 은혜를 주신다고 말씀합니다. 겸손이라는 단어의 라틴어인 'humilitas'는 땅, 흙이라는 의미인 'humus'라는 단어에서 파생되었습니다. 다시 말해, 우리는 흙에 지나지 않음을 아는 것이 겸손입니다. 화장터에 가면 화장하고 남는 것은 고작 몇 줌의 뼛가루입니다. 이게 우리의 인생입니다. "주님이 없으면 저는 아무것도 아닙니다. 주님이 떠나가시면 제가 할 수 있는 것은 아무것도 없습니다"라고 고백하는 사람이 율례를 배운 자요, 겸손한 사람입니다.

2013년 9월, 아내가 병으로 인해 피를 쏟으며 죽어 갈 때 삶의 모든 것을 잃는 것 같았습니다. 사람이 받는 스트레스의 지수를 퍼센트로 하면 100점 만점의 스트레스가 있는데, 그것이 배우자의 죽음이라고 합니다. 죽어 가는 아내를 보며 가정을 이루고 목회를 하고 공부를 할 수 있었던 그 모든 것이 다 하나님의 은혜였음을 깨달았습니다. 생명이 주께 있음을 알고 나서 겸손하지 않을 수 없었습니다. 제 삶과 사역의 많은 부분에 아내의 도움이 있었고, 그것은 하나님의 은혜였습니다. 그 병원 바닥에서 무릎을 꿇고 두 손을 주님께 들었습니다. 그 차디찬 병원 바닥을 느꼈던 그때가 humilitas, 곧 저를 겸손하게 하신 주님의 은혜였습니다.

사도 바울은 육체의 가시, 곧 질병으로 인해 괴로워했습니다. 그러나 하나님은 "내 은혜가 네게 족하도다"(고후 12:9)라고 말씀하셨습니다. 그는 삼층천을 보았던 사람입니다. 하나님은 그런 그를 자만하지 않게 하려고 그에게 육체의 가시를 주셨습니다. 그 가시가 그를 겸손하게 하신 하나님의 은혜라는 것입니다. 고난은 교만을 이기고 겸손의 옷을 입게 하시는 하나님의 은혜의 통로가 될 수 있습니다.

십자가의 은혜로 교만을 이겨 내십시오. 교만의 영, 교만한 생각을 물리치고 피 흘리기까지 교만의 죄와 싸우십시오. 모든 것이 하나님의 은혜임을 감사하며 찬양하십시오. 그렇게 교만의 영, 교만의 죄를 날마다 싸워 이기며 우리에게 주어진 믿음의 경주를 끝까지 완주하는 그리스도인이 되기를 바랍니다.

이 장의 핵심 구절인 신명기 8장 11-18절과 야고보서 4장 6-7절을 다시 한 번 읽고 묵상합니다.

1. 이 장에서 성령의 도우심으로 깨닫게 된 부분은 무엇입니까?

2. '교만의 죄'를 각자의 언어로 표현해 보십시오.

3. 교만의 죄는 당신에게 어떠한 형태로, 언제 나타납니까?

4. 교만의 죄와 싸우고 이기기 위해 당신이 믿고 순종해야 할 일은 무엇입니까?

5. 기도 제목을 가지고 함께 기도하십시오.

기도 제목

1. 우리의 머릿속에 들어오는 생각의 뿌리와 정체를 분별하게
   하소서. 오직 성령의 음성과 생각만을 취하고 악한 영의 생각
   과 속삭임은 물리칠 수 있도록 우리의 마음과 생각을 지켜 주
   소서.

2. 하나님께 온전한 감사와 찬양을 드리지 않았음을 용서해 주소
   서. 조금이라도 주님께 드릴 영광을 취하여 자랑하며 교만했던
   우리를 불쌍히 여겨 주시고, 주의 보혈로 정결케 하소서. 십자
   가를 날마다 가까이하게 하소서.

3. 삶의 역경과 고난을 통해 주의 율례를 배우게 하시고, 당신을
   낮추어 종의 형체를 지니셨던 예수님의 겸손이 우리의 성품이
   되게 하소서.

2

자신이 종 된 자리에 있는지
돌아보라

"그리스도 예수의 사람들은 육체와 함께 그 정욕과 탐심을 십자가에 못 박았느니라 만일 우리가 성령으로 살면 또한 성령으로 행할지니 헛된 영광을 구하여 서로 노엽게 하거나 서로 투기하지 말지니라"(갈 5:24-26).

기독교 전통으로 내려오던 일곱 가지 죄의 목록에는 허영이 아니라 탐식(혹은 식탐)이 들어 있습니다. 이 탐식도 무서운 죄입니다. 인류 최초의 죄가 선악을 알게 하는 나무의 열매를 먹지 말라는 명령에 불순종하여 일어났다는 점에서 식성은 단지 육적인 본성만은 아닙니다. 비록 아담과 하와가 하나님처럼 되기 위해 먹었다고는 하지만, 탐식과 탐욕과 교만은 긴밀히 연결되어 있음을 발견하게 됩니다. 또한 가인이 장자권을 잃어버린 것은 팥죽 한 그릇 때문이었습니다. 이처럼 탐식은 단지 음식을 먹는 문제가 아닙니다. 사람이 떡으로만 살 것이 아니라 진정 하나님의 말씀으로 사느냐 살지 않느냐의 문제입니다. 그러므로 탐식은 결코 가벼이 여길 것이 아닙니다. 탐식을 이기기 위해 그리스도인들은 주기적으로 금식하며 하나님께 더 가까이 나아가야 합니다. 탐식이라는 육신의 욕망을 제어해야 정욕과 탐욕도 이길 수 있기 때문입니다. 그럼에도 불구하고 제가 탐식을 뒤로 밀어 넣고, 허영을 우선적인 일곱 가지 죄의 목록에 넣은 이유가 있습니다. 허영은 교만이라는 죄의 뿌리에서 나온 첫 번째 죄의 줄기로서 교만만큼 치명적인 죄이기 때문입니다. 그래서 본래 에바그리우스가 여덟 가지 악한 생각의 목록을 정리할 때 허영이 그 안에 포함되어 있었습니다. 그는 극복하기 쉬운 죄부터 어려운 죄의 순으로 목록을 정리했는데, 바로 허영이 일곱 번째이고 가장 극복하기 어려운 죄가 여덟 번째인 교만이었습니다.

탐식 대신 허영을 다루기로 한 또 다른 이유가 있다면 바로 존 번연(John Bunyan) 때문입니다. 그의 유명한 책인 《천로역정》은 주인공 크리스천의 영적 여정과 유혹과 싸움을 보여 주는데, 그는 바로 이 책에서 '허영'이 얼마나 위험한지를 이야기를 통해 묘사합니다. 허영은 그만큼 우리의 영혼을 서서히 죽이는 치명적인 죄요, 악덕입니다.

허영이란 무엇인가

그렇다면 허영이란 무슨 뜻일까요? 본문 26절에 보면 '헛된 영광'이라는 표현이 나오는데, 허영이 바로 '헛된 영광', 혹은 '공허한 영광'입니다. 영광은 영광인데 '텅 빈 영광', '사라질 영광'이라는 것입니다. 그래서 영어로 '헛되다'의 'vain'과 '영광'

의 'glory'를 합쳐서 'vainglory'라고 합니다.

사도 바울은 갈라디아교회 안에 허영이 침투해서 성도들의 영혼을 서서히 죽이고 있음을 보았습니다. 그래서 그는 편지를 써서 그들에게 허영의 위험성을 알립니다. 사도 바울은 허영을 이렇게 설명합니다.

"어떤 사람이 아무것도 아니면서 무엇이 된 것처럼 생각하면, 그는 자기를 속이는 것입니다"(갈 6:3, 새번역).

어떤 사람이 아무것도 아니면서 무엇이 된 것처럼 생각하는 것, 그것이 허영입니다. 허영에 물들어 있는 사람은 자신에 대해 헛되거나 거짓되거나 과장된 견해를 갖고 있습니다. 거품이 낀 모습을 진짜 자신의 모습이라고 믿는 허황된 사람입니다.

매번 대통령 선거나 총선 때마다 많은 후보를 봅니다. 그중에는 정말 후보가 될 만한 사람도 있지만, 그렇지 못한 사람도 있기 마련입니다. 그러나 그들은 늘 자신이 대통령 혹은 국회의원이 되어야 한다고 생각합니다. 어떤 사람은 자신이 거의 대통령이라고, 국회의원이라고 믿기도 합니다. 허영된 사람입니다. 그래서 허영에 빠진 사람은 늘 자신을 필사적으로 증명하려 합니다.

빌립보서 2장 3절에도 허영이 나옵니다.

"아무 일에든지 다툼이나 허영으로 하지 말고 오직 겸손한 마음
으로 각각 자기보다 남을 낫게 여기고."

　여기서 '허영으로 하지 말라'는 말을 영어 성경인 NLT에서
는 '다른 이들에게 강한 인상을 주려 하지 말라'(don't try to impress
others)라고 흥미롭게 번역했습니다. 우리는 첫인상이 중요하다
는 말을 많이 합니다. 그리고 그 영향이 있습니다. 그러나 첫인상이
아무리 강해도 그것이 진짜가 아니거나 지속성이 없으면 첫인상
이 강한 것은 헛되고 의미가 없습니다. 그것은 위선이 될 뿐입니다.
　에바그리우스는 허영이 맺는 두 가지 주된 열매가 있다고
보았는데, 그것이 바로 '자기 자랑'과 '위선'입니다. 인간은 자
기가 행한 일과 성취를 자랑하고 알리고 싶어 합니다. 그리고
실제 그것보다 더 부풀려서 알리기를 원합니다. 실제 어떠함
보다 사람들이 자신을 어떻게 보고 생각하고 느끼는가를 더
중요하게 여기기 때문입니다. 그것이 위선을 낳습니다. 그런
점에서 자기 자랑은 자신이 가진 장점을 실제보다 과장하는
것이고, 위선은 자신에게 없는 장점을 가진 것처럼 자신을 더
좋은 자로 생각하게 하는 것입니다. 이에 대한 대표적인 예가
바로 마태복음 6장에 나오는 바리새인의 자선과 기도입니다.

"사람에게 보이려고 그들 앞에서 너희 의를 행하지 않도록 주의

하라 그리하지 아니하면 하늘에 계신 너희 아버지께 상을 받지 못하느니라 그러므로 구제할 때에 외식하는 자가 사람에게서 영광을 받으려고 회당과 거리에서 하는 것같이 너희 앞에 나팔을 불지 말라 진실로 너희에게 이르노니 그들은 자기 상을 이미 받았느니라"(마6:1-2).

보이려고 하는 것은 위선입니다. 진짜 동기는 어려운 이웃을 향한 사랑이 아니라 자기 자랑이요, 궁극적으로는 자기 사랑이기 때문입니다. 그래서 선행을 통해 '사람에게서 영광을 받으려고' 하는 것이 바로 허영입니다. 허영은 사람의 영광과 칭찬과 인정을 구하는 것입니다.

칭찬과 인정은 중요하다

한 가지 묻겠습니다. 사람의 칭찬과 인정은 나쁜 것일까요? 칭찬과 인정은 좋은 것입니다. 사람은 누군가에 의해 칭찬받고 인정받고 존중받도록 지음 받았습니다. 칭찬은 고래만 춤추게 하는 것이 아니라, 사람도 마찬가지입니다. 자녀를 양육하는 데 있어 필수적인 것이 바로 아이들을 사랑하고 인정하고 격려해 주는 것입니다. 이것 없이 훈계와 꾸중만 있으면 어떻게 될까요? 그 아이는 부모와 이 세상을 굉장히 부정적이고 회의

적으로 볼 것입니다. 아이가 잘못할 때는 물론 혼도 내고 훈계도 해야 합니다. 그러나 아이가 잘한 일에 대해서는 칭찬과 격려를 해 주어야 합니다.

공동체를 세움에 있어서도 서로에 대한 관심과 격려와 칭찬이 있어야 살아납니다. 교회 안팎에서 섬기는 분들이 많습니다. "수고하십니다." "잘하셨습니다." "감사합니다." "고맙습니다." 이것이 공동체를 살리는 언어입니다. 이것이 없으면 얼마나 삭막할까요? 누가 헌신하겠습니까? 사도 바울이 로마교회에 보낸 편지를 보면 마지막은 온통 감사와 칭찬, 격려의 내용입니다. 로마서 16장은 자신과 함께 사역했던 이들에 대한 격려와 감사 노트였던 것입니다. 로마서는 그의 마지막 편지가 아닙니다. 그가 죽을 때 쓴 편지가 아니라, 그는 사역을 하면서 격려했던 것입니다. 공동체를 세우기 위함입니다. 마지막 편지로 알려진 디모데후서 4장을 봐도 바울은 사람을 귀히 여기고 칭찬하며 높여 주었던 사람임을 알 수 있습니다.

사람과의 관계를 세울 때 필요한 세 가지가 있는데 그것을 '트리플 A'라고 부릅니다. 모두 A로 시작하기 때문입니다. 첫째는, 'Attention'(주의와 관심)입니다. 사람은 누구나 자신에게 관심을 가져 주기를 원합니다. 둘째는, 'Affirmation'(긍정과 인정)입니다. 그 사람의 행위보다는 그 사람의 존재 자체를 긍정해 주는 것입니다. 셋째는, 'Applaud'(박수와 칭찬)입니다. 잘하고 수고한 일에는 박수를 쳐 주는 것입니다. 사람의 정서적이고 영적인 성장에는 이 세 가지가 있어야 합니다.

어느 누구도 이러한 감사와 격려와 인정 없이는 잘 살 수 없습니다. 그런데 이것을 가만히 살펴보면 바로 하나님이 우리에게 해 주시는 것들입니다. 이것은 장차 신실한 그리스도인들에게 주어질 하나님의 칭찬과 인정에 대한 맛보기입니다. 궁극적인 칭찬과 인정을 어디에서 볼 수 있습니까? 달란트 비유입니다.

"그 주인이 이르되 잘하였도다 착하고 충성된 종아 네가 적은 일에 충성하였으매 내가 많은 것을 네게 맡기리니 네 주인의 즐거움에 참여할지어다 하고"(마 25:21).

주인이 잘했다고 합니다. 인정이고 칭찬이고 갈채입니다. 이것이 우리가 궁극적으로 받을 것이라고 기대하는 모습입니다. 인간은 궁극적으로 하나님의 칭찬과 인정에서만 참된 만족을 누립니다. 그래서 사람에게서 받는 칭찬과 인정은 하나님이 주실 칭찬과 인정의 맛보기에 불과합니다.

그런데 문제가 무엇입니까? 하나님의 칭찬과 인정보다 사람의 칭찬과 인정을 더 바라고 관심을 갖게 되는 일입니다. 이것이 반복되면서 습관이 되고 이것이 그 사람의 주된 성향이 될 때, 우리는 이것을 허영이라고 부르는 것입니다.

왜 이런 일이 벌어질까요? 하나님의 칭찬과 인정보다 사람의 칭찬과 인정이 더 눈에 잘 띄고 잘 보이기 때문입니다. 하나님의 칭찬과 인정은 잘 모를 때가 많습니다. 사람은 믿음으로 살기보다 눈에 보이는 대로 살기가 더 쉽기 때문입니다. 궁극적으로는 믿음이 없거나 약하기 때문입니다. 그래서 사람의 칭찬과 인정 그 자체가 악한 것은 아니지만, 그것 자체를 추구하는 것은 거의, 언제나 잘못 될 수 있음을 기억해야 합니다.

사람은 크든 작든 허영을 갖고 있습니다. 이 허영이 언제 싹틀까요? 보통은 어린 시절입니다. 앞에서 잠깐 언급했지만, 자녀 양육의 필수 요소 중에 하나가 바로 칭찬, 인정, 관심입니다. 아이들이 무엇인가 작은 성취를 이루었을 때 칭찬하고 인정해 주는 것은 아이들의 성장에 필수적인 요소입니다. 그런데 일부 아이들은 어떤 이유로 인해 그것을 상실하거나 혹은 받지 못한 채 자라게 됩니다. 마땅한 관심과 사랑과 칭찬과 격려를 받아야 할 아이가 그것을 받지 못하고 자라는 것입니다. 그러면 그것이 없는 채로 지나가는 것이 아니라, 그것이 그 아이의 영혼에 커다란 상실의 구멍으로 남게 됩니다. 사실 그 구멍은 궁극적인 사랑과 인정인 하나님의 사랑과 인정으로만 채워질 수 있습니다. 하나님이 빚으신 공간이기 때문입니다. 부모의 사랑은 그저 궁극적인 하나님의 인정과 사랑의 맛보기일 뿐입니다. 부모의 사랑을 통해 하나님의 사랑을 알게 되는 것입니다.

하지만 건강하지 못한 부모로 인해, 혹은 부모의 부재나 어떤 다른 이유로 인해 그것을 받지 못할 수 있습니다. 그러면 그 아이는 성장하면서 그 채워지지 않은 구멍을 채우려고 발버둥을 칩니다. 인정받고 사랑받고 갈채를 받을 수 있는 것이 있다면 그것이 무엇이든 하는 사람으로 자라게 되는 것입니다. 설령 부모가 자녀를 칭찬하고 인정해 준다 해도 문제가 있을 수 있습니다. 언제 그럴까요? 아이 입장에서 엄마, 아빠는 무엇을 잘해야만 칭찬하고 인정해 준다고 느낄 때입니다.

'내가 100점을 맞아야만 칭찬해 주시는구나. 내가 성적이 좋지 않으면 혼내고 싫어하시는구나.'

아이가 이렇게 느끼면 그때부터 존재와 행위를 분리합니다. 부모는 더 잘하라고 한 훈계인데, 아이는 자기를 미워해서 그런 것이라고 받아들입니다. 부모에게는 공부를 잘하든 못하든 자녀입니다. 그러나 자녀는 그렇게 받아들이지 않습니다. 오히려 자신에 대한 왜곡된 시선을 가지게 됩니다. 그 반대도 마찬가지입니다. 부모가 아이를 칭찬해도 아이는 존재에 대한 칭찬으로 받지 않고 행위에 대한 칭찬으로만 받을 수 있습니다. 그러면 이렇게 생각합니다.

'아, 부모님은 내가 잘해야만 칭찬해 주시는구나. 나는 잘하는 모습만 보여 드려야지.'

이제 이 아이의 정체성은 존재 자체가 아니라 퍼포먼스, 역량 위에 세워집니다. 자신은 잘하고 칭찬받아야만 가치 있는 존재라고 느낍니다. 잘하면 사랑받고, 못하면 버림받을 수도 있다고 생각합니다.

허영의 양면성 - 우월감과 열등감

허영이라는 교묘한 죄는 전혀 달라 보이는 두 가지 모습으로 나타납니다. 하나는 '우월감'이고, 다른 하나는 '열등감'입니다. 갈라디아서 5장 26절을 보십시오.

"헛된 영광을 구하여 서로 노엽게 하거나 서로 투기하지 말지니라."

헛된 영광, 즉 허영이 있으면 '관계'에 있어서 두 가지 부정적인 모습이 나타나는데, 하나는 서로 '노엽게 하는 것'이고, 또 다른 하나는 '투기', 즉 '질투'입니다. 여기서 노엽게 하는 이유는 바로 우월감 때문입니다.

'노엽게 하다'에는 '다른 이들을 자극시키다'라는 의미가 들어 있습니다. 그래서 우월감을 가진 자의 허영에는 자신의 우월감을 바탕으로 다른 이들이 자신보다 열등하다는 것을 확인시켜 주고자 하는 악한 성향이 있습니다. 그래서 허영을 가진 사람 옆에 가면 기분이 나빠집니다.

허영을 가진 자의 우월감은 다른 이들의 마음을 상하게 합니다. 허영심이 있는 사람은 다른 이들을 얕보기 때문입니다. 허영심이 있는 사람은 인간관계를 가질 때 그 사람과의 관계를 통해 자신이 무엇을 얻어 낼지 관계 대비 이익을 분석하는 성향이 있습니다. 관계를 자신에게 줄 이익으로만 계산하는 것입니다.

'그 사람은 내가 만나고 싶은 사람들을 만날 수 있도록 도와 줄 수 있는가?'

결국 사람을 존재 자체로 대하지 않고 도구로 대하는 것입니다. 그래서 주변 사람을 노엽게 합니다. 불쾌하고 기분을 상하게 만듭니다. 이것도 허영 때문입니다.

또한 허영은 서로를 질투하게 합니다. 이것은 열등감입니다. 상대방이 외모나 능력이나 재력이나 여러 면에 있어서 우월하다고 느낌으로써 자신이 초라하다고 생각하는 것입니다. 이 열등감은 결국 그 사람으로 하여금 시기하고 질투하게 만듭니다. 이것도 역시 허영에 빠진 사람의 모습입니다.

앞서 언급한 것처럼 누군가의 옆에 있을 때 기분이 나쁘다면 그것도 허영심 때문일 수 있습니다. 열등감입니다. 그 사람이 자신을 무시했다고 느끼는 것입니다. 건강한 정체성을 가진 사람은 다른 사람이 자신에게 뭐라고 하든, 무슨 행동을 하든 상관이 없습니다. 그 사람에 의해 자신의 존재가 바뀌는 것이 아니기 때문입니다. 그런데 기분이 나쁘다면 그것이 바로 열등감, 허영의 다른 모습 때문일 수 있습니다. 열등감이 보통 겉으로 나타나는 증세 중에는 외모 지상주의가 있습니다. 허영의 영은 외모 지상주의를 부추겨 사람들로 하여금 멋지고 예쁘면 모든 것이 용납된다는 생각을 심어 줍니다. 그 결과 외모에, 최신 유행 패션을 따라가기 위해 시간과 돈과 에너지를 과도하게 쏟게 됩니다. 그리하여 사진조차도 원본을 올리면 절대로 안 되고 소위 반드시 '뽀샵', 즉 리터칭(retouching)을 해야 한다고 생각합니다. 리터칭을 하지 않고 허락 없이 올렸다가는 엄청난 후폭풍과 비난을 받게 될 수도 있습니다. 또한 학력을 위조해서 더 좋은 학교, 더 명성 있는 학교에 다닌 것처럼 속이기도 합니다. 안타깝지만 이 모든 것이 허영이 낳은 열등감의 산물입니다. 그리고 그것을 끊임없이 부추기는 것이 이 세상의 지배적인 문화입니다.

이러한 우월감과 열등감은 허영에 물든 사람의 특징인데, 이 둘은 다른 사람이 아니라 같은 사람에게서도 나타납니다. 왜냐하면 우월감을 가진 사람은 자신보다 더 우월한 사람을 볼 때 열등감을 느끼기 때문입니다. 자신보다 더 멋있고 예쁜 사람, 자신보다 더 권세 있고 재력 있는 사람을 보면 우월감은 사라지고 열등감만 남기 때문입니다. 그러다가 자신보다 힘이 없거나 재력이 없는 사람을 보면 다시 우월감을 느낍니다. 그래서 사실 이 우월감과 열등감은 따로따로가 아니라 허영에 물든 자의 동전의 양면입니다.

이에 대한 예가 바로 사울입니다. 사무엘상 9장을 보십시오. 사울은 겸손한 사람처럼 보입니다. 사무엘이 그를 보고 지금 온 이스라엘 사람의 기대가 당신과 당신 아버지의 온 집안에 있다고 하자 사울은 이렇게 대답합니다.

"사울이 대답하여 이르되 나는 이스라엘 지파의 가장 작은 지파 베냐민 사람이 아니니이까 또 나의 가족은 베냐민 지파 모든 가족 중에 가장 미약하지 아니하니이까 당신이 어찌하여 내게 이같이 말씀하시나이까 하니"(삼상 9:21).

겸손한 것처럼 보이지만 아닙니다. 왜 그럴까요? 그는 지금 비교하기 때문입니다. 겸손은 비교에서 오지 않습니다. 겸손은 다른 이들과 비교했을 때 자신이 낮은 자임을 고백하는 것이 아니라, 처음부터 자기 자신을 생각하지 않는 것입니다. 그런데 지금 사울은 자신의 지파와 다른 지파를 비교하고 있습니다. 또한 그 지파 중에서도 다른 가족들과 비교하고 있습니다. 이것은 겸손이 아니라 열등감입니다. 그러나 하나님은 사울을 쓰겠다고 하셨습니다. 그러면 열등감이 치유될까요? 자신의 어떠함 때문이 아니라 오직 은혜로 하나님이 쓰신다고 믿으면 열등감이 치유됩니다. 그러나 그렇지 않으면 그 열등감은 곧 우월감으로 뒤바뀝니다. 마치 동전의 앞뒤를 바꾸듯이 말입니다.

사울은 하나님의 은혜로 왕이 되고 기름부음을 받습니다. 그이후에 승승장구합니다. 그런데 승리로 인해 그의 열등감이 치유되는 것이 아니라, 그의 낮은 자존감이 허영과 교만과 우월감으로 변질됩니다. 누군가가 허영에 빠지면 나타나는 증상이 무엇일까요? 사람들의 영광과 인기에 큰 관심을 쏟는다는 것입니다. 사울이 불순종하여 제사를 먼저 드린 후에 사무엘에게 책망을 받습니다. 그때 그의 변명이 무엇이었습니까?

"내가 백성을 두려워하여 그들의 말을 청종하였음이니이다"(삼상 15:24).

사람들의 의견을 듣고 경청하는 것은 왕으로서 중요한 자세입니다. 그러나 이것은 하나님의 제사와 관련된 일이었고, 무엇이 하나님의 뜻인지 아닌지가 분명한 상황이었습니다. 그러나 그는 사람들의 말과 의견을 하나님보다 더 중요하게 여겼습니다.

그가 허영에 빠져 있었다는 더 분명한 증거가 있습니다. 바로 '사울의 기념비'입니다.

"사무엘이 사울을 만나려고 아침에 일찍이 일어났더니 어떤 사람이 사무엘에게 말하여 이르되 사울이 갈멜에 이르러 자기를 위하여 기념비를 세우고 발길을 돌려 길갈로 내려갔다 하는지라"(삼상 15:12).

기념비 자체가 문제겠습니까? 하나님이 누군가를 높이고 세우면 그렇게 하실 수도 있습니다. 문제는 사울의 온 관심이 하나님의 뜻을 따르는 것이 아니었다는 데에 있습니다. 바로 앞 구절에서 하나님이 뭐라고 말씀하십니까?

"내가 사울을 왕으로 세운 것을 후회하노니 그가 돌이켜서 나를 따르지 아니하며 내 명령을 행하지 아니하였음이니라 하신지라 사무엘이 근심하여 온 밤을 여호와께 부르짖으니라"(삼상 15:11).

영광스러운 기념비가 있을 수 있습니다. 하나님을 온전히 따르고 신실하게 주를 섬긴 이들에게 하나님이 기념비를 세워 주실 수 있습니다. 그러나 그것은 단지 하나님이 주실 궁극적인 인정과 영광의 맛보기일 뿐입니다. 하지만 허영에 빠지면 그 맛보기를 궁극적인 목표로 삼습니다. 다시 말해, 하나님을 버리고 하나님의 인정과 영광이 아닌 사람의 칭찬과 인정이 그의 인생의 목표가 되는 것입니다. 그의 정체성을 자신의 성취에 둔 것입니다. 이런 사람은 결국 자신을 우상화합니다. 그것이 허영입니다.

그런데 그렇게 우월감을 가지고 기념비를 세웠던 자가 다윗을 죽이려고 합니다. 왜입니까? 열등감 때문입니다. 언제든지 우월감은 열등감으로 바뀌고, 열등감은 또다시 우월감으로 바뀝니다. 이것이 허영입니다. 허영의 결말은 비참한 죽음일 뿐입니다. 사울의 기념비는 바로 헛된 영광, 텅 빈 영광, 사라질 영광의 비극적인 상징입니다. 그래서 허영이 영혼을 죽이는 죄요, 악덕이 되는 것입니다.

존 번연은 이 허영이 성도들의 영혼을 얼마든지 타락시킬 수 있음을 너무도 잘 알고 있었습니다. 그래서 그는 《천로역정》에서 성도들의 적을 세 가지로 정리합니다. 그것은 마귀와 육신과 세상입니다. 그러면서 세상을 지배하는 특징을 '허영'이라고 보았습니다. 그래서 그는 한 챕터를 할애해서 허영을 다룹니다. 바로 '허영의 도시'입니다. 성도는 반드시 허영의 도시와 시장을 통과한다는 것입니다. 피할 수가 없습니다. 그 이유는, 성도는 세상에 속해 있지 않지만 세상 안에서 살고 있기 때문입니다.

허영의 도시로 들어가는 주인공 크리스천에게 '전도자'가 조언을 합니다. 성도에게는 광야로 인한 고난이 있지만, 그 보다 더 위험한 것은 바로 허영의 도시에서 오는 유혹이라는 것입니다. 그래서 성도가 이 도시를 지날 때는 순교를 당하든지, 유혹을 이기든지, 허영의 도시에 남아 세속화되든지 셋 중에 하나가 된다고 말합니다.

결국 《천로역정》에서 순교를 당하는 장면이 나옵니다. 어디일까요? 이방인과 타종교의 나라? 박해가 심한 나라? 아닙니다. 바로 허영의 도시입니다. 세속성으로 충만한 그곳에서 '신실'이라는 자가 순교를 당합니다.

예수님도 허영의 시장을 지나가셨습니다. 마태복음 4장에 보면 마귀가 예수님을 성전 꼭대기에 세웁니다.

"사람들이 가장 많이 모이고 보는 그곳에서 뛰어내려 봐. 천사들이 그 발을 받들어 돌에 부딪히지 않으면 얼마나 사람들이 놀라며 영광과 갈채와 박수를 보내겠느냐? 얼마나 많은 인기를 얻겠느냐? 얼마나 유명한 자가 되겠느냐?"

그러나 주님은 말씀으로 허영의 시장의 유혹을 이겨 내셨습니다.

"주 너의 하나님을 시험하지 말라!"

많은 사람이 이 허영의 시장을 지나고 있을 것입니다. 잘 돌아보십시오. 돌아보니 저도 지난 몇 년 동안 허영의 시장의 유혹을 받아 왔던 것 같습니다. 사실 지난 몇 년 사이에 저의 삶은 겉으로 보기에 참 많이 바뀌었습니다. 사는 곳이 바뀌었고, 만나는 사람들이 바뀌었으며, 섬기는 교회가 바뀌었습니다. 첫 변화의 시작을 돌이켜보니 2021년 5월 30일입니다. 선한목자교회에서 후임자를 발표한 이후에 제 이름이 뉴스와 영상을 통해 세상에 알려지기 시작했습니다. 그러면서 페이스북의 친구 신청이 급증하기 시작했습니다. 제가 모르는 사람들이 하루에 수십, 수백 명씩 친구 신청을 해 왔습니다. 미국의 시골 마을인 캔사스에 있던 작은 이민 교회 목사가 갑자기 유명해진 것입니다. 제가 그것을 보고 순간 '와… 살다 보니 이런 일도 있네' 하는 생각이 들었습니다. 그런데 그것도 잠시, 저는 두려워졌습니다. 아니, 무서워졌습니다. 왜 제 안에 두려운 마음이 들었는지 살펴보았습니다. 성령이 주시는 마음이었습니다. 그 마음을 분별하며 그날 '예수동행일기'에 이렇게 썼습니다.

지난 주일 이후 월요일부터 내 이름이 세상에 알려지기 시작했다. <국민일보>, <크리스천투데이>, <기독일보>, <CGNTV> 등 방송사에 알려지면서 페이스북 친구 신청이 급증하고 있다. 이름이 알려지고 내 삶이 드러나는 것은 두려운 일이다. '유기성 목사 후임', '선한목자교회 담임'이라는 타이틀은 '내'가 아니다. 그것은 허울이며 잠시 있다가 사라지는 것뿐이다. 많은 관심과 인기는 결코 영적 건강에 좋지 않다. 페친을 수락하고, 연락 오는 이들로 인해 최근 성경을 더 많이 읽지 못하고 묵상하지 못하게 된 지난 3일을 보냈다. 내 영성을 관리하지 않으면 한국에서 한순간에 무너질 수도 있겠다라는 '경각심'이 든다. 주님, 인기와 명예보다 주님이 저에게 비교할 수 없이 소중하다는 것을 고백합니다. 오직 주님만이 저의 전부이며 영원한 사랑의 대상이십니다. 아멘.

6월 2일, 수요일 오후 5시 33분. 제 안에 숨겨져 있던 두려움의 근원이 무엇인지 놓치고 싶지 않아서 그날은 '예수동행일기'를 일찍 썼습니다. 그것은 바로 성령님이 주시는 두려움이었습니다. 바로 허영에 대한 경고였던 것입니다.

선한목자교회의 가장 위기의 때가 언제였을까요? 부도 직전에 부채가 많을 때였을 것입니다. 그런데 저는 그렇게 생각하지 않습니다. 지금이 가장 큰 위기입니다. 멋진 성전과 교육관과 많은 성도와 좋은 목회자와 성도가 있을 때, 인간은 쉽사리 그것을 더 자랑하고 의지하고 싶어 합니다. 부채가 많을 때는 더욱 기도하고 금식합니다. 주를 의지합니다. 그러나 오히려 위기를 지났다고 하는 지금이 더 큰 위기의 때입니다. 기도가 식고, 금식하지 않고, 더 이상 주께 간절히 매달리지 않으며 주를 향한 갈망이 사그라질 그때가 가장 위험한 시기입니다. 보이는 것에 절대 속으면 안 됩니다.

당신은 지금 무엇을 좇고 있습니까? 무엇을 추구하고 있습니까? 누구와 비교하고 있습니까? 무엇 때문에 기쁘고 무엇 때문에 슬프며 무엇 때문에 불안하고 두렵습니까? 혹시 허영 때문은 아닙니까? 성경이 말하는 허영은 실제보다 부풀리고 과장하는 것도 있지만, 곧 사라질 것을 의미하기도 합니다. 설령 우리가 가진 재물과 위치와 인기와 모든 것이 실제라고 해도, 그것은 곧 사라지는 것입니다. 사람의 박수와 갈채, 인기, 영광, 외모, 돈, 모든 것은 잠시 있다가 사라지는 것입니다. 속지 마십시오. 어서 허영의 시장을 빠져나오십시오.

허영, 어떻게 싸울 수 있는가

그렇다면 어떻게 허영과 싸워 이길 수 있을까요?

세상에 대하여 이미 죽었음을 믿으라

허영은 세상이 주는 영광과 명예에 대한 왜곡된 욕망입니다. 그러므로 허영을 이기려면 십자가에서 이미 세상에 대하여 죽었음을 믿음과 동시에, 사람들에게 주목받지 않고, 사람들의 그 어떠한 칭찬과 주목에도 관심을 기울이지 않는 훈련이 필요합니다. 4세기 이집트의 기독교 수도사인 마카리우스(Macarius)가 어떤 형제에게 한 조언은 우리가 허영을 극복하기 위해 해야 할 훈련이 무엇인지를 잘 보여 주고 있습니다.

> 한 형제가 이집트인 압바 마카리우스를 찾아와서 말했다.
> "압바, 제게 한 말씀해 주세요."
> 그러자 노인이 말했다.
> "공동묘지에 가서 죽은 자들을 욕해라."
> 그 형제는 거기 가서 욕하고 돌을 던졌다.
> "그들이 너에게 무슨 말을 하더냐?"
> 그가 대답했다.
> "아니오."
> "이번에는 그들을 칭찬해라."

"그들을 칭찬하고 왔습니다."

"그들이 너에게 대답하더냐?"

형제가 아니라고 말했다. 그러자 노인이 그에게 말했다.

"네가 그들을 모욕해도 그들이 대답하지 않았고 네가 그들을 칭
찬해도 그들이 말하지 않았다. 그러니 너도 구원받고 싶으면 그들
처럼 죽은 자가 되라. 죽은 자처럼 사람들의 조롱이나 칭찬에 주
의를 기울이지 말거라."[22]

마카리우스의 조언은 사람들의 칭찬과 비판에 일희일비(一喜
一悲)하는 많은 이들에게 영감을 줍니다. 사도 바울은 이미 주
예수 그리스도의 십자가 외에는 자랑할 것이 없다면서 세상에
대하여 못 박혔음을 고백합니다.

"그러나 내게는 우리 주 예수 그리스도의 십자가 외에 결코 자랑
할 것이 없으니 그리스도로 말미암아 세상이 나를 대하여 십자
가에 못 박히고 내가 또한 세상을 대하여 그러하니라"(갈 6:14).

우리가 만일 허영에 빠져 있다면, 그것은 우리가 이미 십자
가에서 세상에 대하여 죽은 자임을 믿지 못하거나 여기지 못
하고 있다는 반증이기도 합니다. 이미 고백했지만, 저도 이 문
제가 평생 싸워야 할 죄이며 이겨야 할 유혹임을 깨닫곤 합니

다. 주님만 자랑하며 날마다 죽노라고 고백한 바울의 고백이 우리의 고백이 되어야 합니다.

은밀함의 훈련을 하라

마태복음 6장을 보면, 사람들에게 보이려고 허영과 위선에 빠져 있는 이들을 향해 예수님이 주신 처방전이 있습니다. 사람들에게 보이기를 좋아하고, 알아주기를 원하며, 나서기를 좋아하고, 말하기를 좋아하는 자에게 주신 해독제는 바로 은밀함이었습니다.

> "너는 구제할 때에 오른손이 하는 것을 왼손이 모르게 하여 네 구제함을 은밀하게 하라 은밀한 중에 보시는 너의 아버지께서 갚으시리라"(마 6:3-4).

은밀함이란, 사람들이 모르게 하는 것입니다. 구제도, 선행도, 섬김도 모르게 하는 것입니다. 허영이 얼마나 지독하고 알아차리기 어려운지, 죄를 이겨도 죄를 이긴 것으로 인해 사람들이 자신을 알아주기를 원하는 마음을 심어 주기 때문입니다. '내가 내 돈을 써서 구제함으로써 이기심을 극복했다는 것을 다른 이들이 알아줬으면 하는 마음', '나에게 음란의 죄가 있었지만 그것을 다 회개하고 이겨 냈다는 것을 누군가가 알아주기를 원하는 마음', '내가 하나님의 말씀에 순종해 가고 싶지 않은 선교지, 불모지, 개척지로 갔다는 사실을 다른 이들이 인정해 줬으면 하는 마음', 이것이 허영입니다. 그래서 에바그리우스의 제자인 카시아누스는 허영이 얼마나 위험한지를 이렇게 썼습니다.

사막에 살고 있거나 나이가 들었다고 해서 허영이 진정되지 않습니다. 허영은 도망치는 사람과 함께 사막을 뚫고 들어가며 어디에서도 그것을 몰아낼 수 없고 문제가 제거되어도 약해지지 않습니다. 허영의 공격을 받는 사람의 고결한 성공이 허영에 활기를 불어넣습니다.[23]

나이가 들었다고 인기와 외모와 권력에 대한 미련이 사라지지 않습니다. 아무도 없는 사막에 간다 해도 저절로 진정되지 않는다는 것입니다. 그 사막 공동체의 수도사들 사이에서도 허영심이 싹튼다는 것입니다. 죄를 이기고 사랑과 겸손의 사람이 되었다는 것 자체가 오히려 허영에 활기를 불어넣는 재료가 된다는 것입니다.

따라서 더 성숙하고 신앙이 깊어질수록 더 많은 칭찬과 존경이 따라오고, 더 많은 사람의 인정과 칭찬을 기대하게 된다는 것입니다. 거기에 넘어지는 것입니다. 그래서 에바그리우스는 이 허영으로 무너지는 사울과 같은 자들을 이렇게 비유했습니다.

마귀는 미묘한 간교함으로 그리스도의 군사를 적대적 무기로 (즉 악으로) 이기지 못할 때 그리스도의 군사 자신의 무기로 (자신의 미덕으로) 무너지게 한다.[24]

사울은 결국 하나님이 주신 승리와 영광에 취해 스스로 무너져 버린 매우 안타까운 사례가 되었습니다.

이토록 허영이 무섭습니다. 그럼에도 불구하고 허영을 이기는 해독제는 예수님이 말씀하신 대로 은밀함과 고독입니다. 그래서 기도할 때 함께 기도하는 연합 기도도 중요하지만, 반드시 골방 기도가 있어야 하는 것입니다.

"너는 기도할 때에 네 골방에 들어가 문을 닫고 은밀한 중에 계신 네 아버지께 기도하라 은밀한 중에 보시는 네 아버지께서 갚으시리라"(마 6:6).

집에서, 방에서, 혹은 다락방이나 골방에서 은밀하게 기도해야 합니다. 간혹 기도실에서 기도할 경우 누가 왔고 얼마나 기도했는지 일지를 기록하라고 합니다. 물론 기도실 관리자 입장에서는 얼마나 많은 사람이 왔는지, 누가 왔는지 파악하기 위해 필요할 수 있습니다. 하지만 기도하는 사람 입장에서는 썩 좋은 방법이 아닙니다. 왜 그렇습니까? 허영에 대한 유혹을 줄 수 있기 때문입니다.

'내가 이 기도 골방에서 ○시간 기도했어. 내가 오늘 기도 많이 한 것을 좀 알아줘야 해.'

만일 이런 생각이 든다면 일지를 쓰지 마십시오. 은밀함의 훈련을 위해서 그냥 조용히 기도하고 돌아가십시오.

은밀함의 훈련은 우리의 허영을 죽이고 약하게 하는 데에 큰 도움이 됩니다. 그러나 은밀함의 훈련의 핵심은 단지 사람들이 모르게 하는 것에 있지 않습니다. 이것은 은밀한 중에 보시는 '하나님에 대한 인식'에 대한 훈련입니다. '아무도 보지 않아도 주님이 보신다. 주님이 알아주신다. 주님이 인정해 주신다. 그것이면 충분하다!' 바로 이 훈련을 하는 것입니다.

복음 안에서 참된 정체성을 가지라

앞서 이야기한 대로 허영에 물들면 우월감 혹은 열등감이 나타난다고 했습니다. 그리고 때에 따라 두 가지가 번갈아서 나타납니다. 그러나 그것은 제대로 된 복음을 알지 못하고 그 안에서 참된 정체성을 갖지 못했기 때문입니다.

먼저 우월감에 대해 복음은 무엇이라고 말합니까? 모든 사람은 추악한 죄인이라는 것입니다. 단 한 사람도 예외가 없습니다. 다시 말해, 아무것도 아니라는 것입니다. 성경은 아무것도 아닌데 무엇인가 된 것처럼 생각하는 것이 허영이라고 말쓸합니다(갈 6:3). 십자가 복음에 비추어 보면 우리는 하나님께 반역한 죄인입니다. 그것 때문에 예수님이 죽으셔야 할 정도로 끔찍한 죄인입니다. 복음은 우리가 얼마나 큰 죄인인지를 깨닫게 합니다. 그러니 절대로 우월감을 가질 수가 없습니다. 나보다 더한 죄인이 없기 때문입니다. 그러나 동시에 복음은 무엇을 말합니까? '우리는 예수님짜리'라는 것입니다. 하나님이 우리를 살리기 위해 예수님의 피로 값을 주고 우리를 구하셨습니다. 우리는 엄청나게 큰 죄인이면서 동시에 얼마나 큰 사랑을 받는 자입니까? 이것이 복음입니다.

그렇다면 열등감은 속는 것입니다. 마귀가 속이는 것입니다. 우리는 사랑받는 주님의 자녀입니다. 우리는 엄청난 공로를 세워서 그분의 자녀가 된 것이 아닙니다. 전적인 그분의 은혜입니다. 그분의 사랑 때문에 자녀가 된 것입니다. 우리가 복음 안에서 우리의 정체성을 바로잡는다면 허영의 죄를 이길 수 있습니다.

전도자 D. L. 무디(Dwight Lyman Moody)는 출애굽기의 모세의 삶을 이렇게 묘사했습니다.

모세는 바로의 궁정에서 40년을 보내며 자신이 누군가(somebody)라고 생각했고, 광야에서 40년을 보내며 자신이 아무도 아님(nobody)을 깨달았고, 나머지 40년을 보내며 하나님이 자신이 아무도 아님(nobody)을 깨달은 누군가(somebody)를 통해 무엇을 하실 수

있는지를(God can do) 보여 주었다.[25]

모세도 우월감을 느꼈다가 다시 열등감에 빠졌습니다. 그러다
가 하나님을 만났고, 복음 안에서 참된 정체성을 찾았습니다. 그
분이 아니면 아무것도 아니지만, 그분 안에 있으면 오직 그분으
로 인해 모든 것을 가진 자가 된다는 사실을 알았던 것입니다. 이
와 유사한 고백을 사도 바울이 고린도후서에서 하고 있습니다.

"무명한 자 같으나 유명한 자요 죽은 자 같으나 보라 우리가 살아
있고 징계를 받는 자 같으나 죽임을 당하지 아니하고 근심하는 자
같으나 항상 기뻐하고 가난한 자 같으나 많은 사람을 부요하게 하
고 아무것도 없는 자 같으나 모든 것을 가진 자로다"(고후 6:9-10).

사도 바울은 자신이 질그릇이라 심히 큰 것이 우리에게 있
지 않고 바로 그분께 있다고 고백했습니다. 그랬기에 하나님
은 바울을 통해 전부가 되는 삶을 살게 하셨습니다. 사도 바울
은 깨어진 자였지만, 깨어진 질그릇을 통해 그 안에 담긴 보배
이신 예수 그리스도가 온 세상에 환히 드러나셨습니다. 모세
와 바울의 경우를 보면, 복음 안에 있는 바른 정체성이 허영을
이긴다는 진리를 깨닫게 됩니다.

사람의 영광이 아니라 하나님의 영광을 구하라

허영은 세상과 사람으로부터 오는 칭찬과 영광을 구하는 것입니다. 그러나 그것은 단지 궁극적인 하나님의 영광과 칭찬의 맛보기일 뿐입니다. 우리는 오직 하나님께로부터 오는 영광과 칭찬을 구해야 합니다.

"너희가 서로 영광을 취하고 유일하신 하나님께로부터 오는 영광은 구하지 아니하니 어찌 나를 믿을 수 있느냐"(요 5:44).

그래서 사도 바울은 사람에게서 영광을 구하지 않았다고 고백합니다.

"또한 우리는 너희에게서든지 다른 이에게서든지 사람에게서는 영광을 구하지 아니하였노라"(살전 2:6).

그의 이 말은 오직 하나님이 기뻐하시는 일만을 하고자 했고, 그 일에만 순종했다는 것입니다. 그것으로 인해 많은 역경과 고난과 수모와 조롱이 있었습니다. 그러나 분명 그가 받을 칭찬과 인정이 있었습니다. "잘하였도다 착하고 충성된 종아"라는 이 영광스러운 칭찬과 인정이 바로 그를 위해 준비되어 있었던 것입니다. 이것이 우리가 구해야 할 영광이고, 이것만이 우리의 칭찬과 인정에 대한 갈망을 해갈할 수 있는 유일한 길입니다. 우리에게 칭찬과 인정이 올 때마다, 반대로 전혀 없을 때에도 우리는 아래와 같이 고백해야 합니다.

"주님, 영광을 우리에게 돌리지 마십시오. 우리에게 돌리지 마시고, 오직 주님의 이름에만 영광을 돌리십시오. 그 영광은 다만 주님의 인자하심과 진실하심에 돌려 주십시오"(시 115:1, 새번역).

이것이 우리의 평생의 고백이 되어야 합니다.

《천로역정》의 허영의 시장에서 신실이 순교를 당합니다. 그리고 그 순교당한 신실을 위해 크리스천은 이런 시를 지었습니다.

오, 신실이여, 끝까지 하나님께 충성했으니
하나님이 그대에게 복을 주시리라.
믿음 없는 자들은 헛된 쾌락을 즐기다가
지옥의 고통에서 신음하나
신실은 노래하리라, 노래하리라.
그리고 그대의 이름은 영원하리.
저들은 그대를 죽였으나 그대는 영원히 살아 있네![26]

이 믿음으로 허영을 이기십시오. 세상을 이기는 것은 오직 믿음이라고 했습니다. 십자가에서 이미 세상에 대하여 죽었음을 믿음으로 취하십시오. 은밀한 중에 주님께서 아신다는 그 믿음을 붙잡으십시오. 우리가 복음으로 하나님께 용납되어 존귀한 자가 되었다는 것을 믿으십시오. 그리고 하나님의 영광, 그분의 인정과 칭찬만이 우리의 갈망을 채울 수 있음을 믿으십시오. 그것이면 충분합니다. 그리하여 모두가 각자의 천로역정의 길 중에 만나는 영혼을 죽이는 죄들과 싸워 이기고 천성에 다다를 수 있게 되기를 바랍니다.

성경이 말하는 허영은
실제보다 부풀리고 과장하는 것도 있지만,
곧 사라질 것을 의미하기도 합니다.
사람의 박수와 갈채,
인기, 영광, 외모, 돈, 모든 것은
잠시 있다가 사라지는 것입니다.
속지 마십시오.
어서 허영의 시장을 빠져나오십시오.

이 장의 핵심 구절인 갈라디아서 5장 24-26절을 다시 한 번 읽고 묵상합니다.

1. 이 장에서 성령의 도우심으로 깨닫게 된 부분은 무엇입니까?

2. '허영의 죄'를 각자의 언어로 표현해 보십시오.

3. 허영의 죄는 당신에게 어떠한 형태로, 언제 나타납니까?

4. 허영의 죄와 싸우고 이기기 위해 당신이 믿고 순종해야 할 일은 무엇입니까?

5. 기도 제목을 가지고 함께 기도하십시오.

1. 자기 자랑과 위선이라는 허영의 유혹에서 우리를 건지시고, 오직 성령으로 살며 행하게 하소서.

2. 사람의 칭찬과 인정과 영광이 아니라 오직 은밀한 중에 보시는 하나님의 영광만을 구하게 하소서.

3. 복음 안에서 참된 정체성을 회복하여 우월감과 열등감을 극복하고, 아무것도 아닌 자이나 주로 인해 모든 것을 가진 자의 삶을 살게 하소서.

3

비교하지 말고
감사함으로 연합하라

"그러므로 모든 악독과 모든 기만과 외식과 시기와 모든 비방하는 말을 버리고 갓난아기들같이 순전하고 신령한 젖을 사모하라 이는 그로 말미암아 너희로 구원에 이르도록 자라게 하려 함이라"(벧전 2:1-2).

"네 마음으로 죄인의 형통을 부러워하지 말고 항상 여호와를 경외하라 정녕히 네 장래가 있겠고 네 소망이 끊어지지 아니하리라"(잠 23:17-18).

시기란 무엇인가

우리나라 속담에 "사촌이 땅을 사면 배가 아프다"라는 말이 있습니다. 영어 표현 중에는 '크랩 멘탈리티'(crab mentality)라는 말이 있습니다. 게들이 양동이 안에 있을 때 어떤 게가 빠져나가려고 하면 나가지 못하도록 잡아 끌어내리는 것을 일컫는 표현인데, 내가 갖지 못할 바에는 너도 가져서는 안 된다는 것입니다. 어떤 사람이 잘되지 못하도록 끌어내리려는 사람들의 심리를 뜻합니다.

도로시 세이어즈는 질투를 '평준화의 귀재'라고 불렀습니다.[27] '타인의 행복한 모습을 보기 싫어하는 마음', 게들이 서로를 잡아 끌어내리는 것처럼 '모두를 한 단계 끌어올릴 수 없으면, 모두를 한 단계 끌어내리려는 것'이 질투입니다.[28] 질투로 충만한 자의 입술에 늘 붙어 다니는 말은 '내가 가진 권리', '내가 받은 부당한 대우'라고 합니다. 세이어즈는 질투가 가진 최상의 이미지로서 '시큰둥한 표정'을 꼽았습니다. 그러면서 질투에 사로잡힌 자는 "누구든 자기보다 더 행복한 걸 보기보다는 다같이 불행해지는 편을 택한다"고 통찰했습니다.[29] 세이어즈에 의하면, 이 시기와 질투의 문제를 다루기 어려운 이유는 이것이 '정의롭고 관대한 사람들 가운데서' 발견되기 때문입니다.[30] 정의를 외치고 평등을 외치는 그것이 기회의 평등인 경우도 많겠지만, '기회의 평등'이라는 외양으로 교묘하게 결과의 평등을 외치는 경우도 종종 발견되기 때문입니다. 다시 말해, 시기심에 관한 깊은 성찰이 부재할 경우 정의를 위한 투쟁을 마치 정당한 것처럼 착각할 수도 있다는 뜻입니다. 시기심을 감추기 위해 정의 투쟁이라는 이름으로 고상하고 품격 있는 것처럼 포장할 수도 있다는 뜻입니다. 시기심은 사람들의 내면에 은밀히 감추어져 있습니다.

성경은 분명 즐거워하는 자들과 함께 즐거워하고, 우는 자들과 함께 울라고 말씀합니다. 만일 즐거워하는 자들을 보면 슬프고, 슬퍼하는 자들을 보고 즐거워한다면 영혼이 병든 것입니다. 왜 그럴까요? 시기심 때문입니다. 남의 불행을 기뻐하고 남의 행복을 슬퍼한다면 그것이 바로 시기입니다. "한국인은 배고픔은 해결했지만 배아픔은 아직 해결하지 못했다"는 소설가 김홍신의 말에 공감이 됩니다. 스마트폰의 보급과 소셜 미디어로 인해 사람들은 실시간으로 자신의 삶과 타인의 삶을 비교하며 살아갑니다. 행복한 삶을 누리고 있다며 감사하다가도 누군가가 나보다 더 풍요롭고 형통한 삶을 사는 것처럼 보일 때 왠지 모르게 우울한 감정이 든다면 바로 시기심일수 있습니다. 이러한 시기심은 인간의 죄 된 본성이자 육신에속한 열매 중 하나입니다. 갈라디아서 5장 19-21절을 보십시오.

"육체의 행실은 환히 드러난 것들입니다. 곧 음행과 더러움과 방탕과 우상 숭배와 마술과 원수 맺음과 다툼과 시기와 분냄과 분쟁과 분열과 파당과 질투와 술 취함과 흥청망청 먹고 마시는 놀음과, 그와 같은 것들입니다. 내가 전에도 여러분에게 경고하였지만, 이제 또다시 경고합니다. 이런 짓을 하는 사람들은 하나님의 나라를 상속받지 못할 것입니다"(새번역).

시기와 질투는 하나님 나라를 상속받지 못하는 육체의 행실로 꼽힙니다. 우리 안에 누군가를 향한 시기심이 있다면 결코가만 놔두어서는 안 됩니다. 왜냐하면 그것은 하나님 나라를향한 우리의 여정의 발목을 잡는 얽매이기 쉬운 죄이기 때문입니다. 그래서 베드로 사도는 베드로전서 2장 1절에서 시기를 버리라고 했습니다.

"그러므로 모든 악독과 모든 기만과 외식과 시기와 모든 비방하는 말을 버리고."

질문하겠습니다. 그리스도인들에게 이 시기심을 버리는 것이 옵션일까요? 버려도 되고 안 버려도 괜찮은 것일까요? 이 시기심을 안 버려도 된다면 이 구절이 쓰일 이유가 없습니다. 시기심만이 아니라 앞선 장에서 다룬 교만과 허영, 앞으로 다룰 나머지 네 가지 죄는 다른 죄들을 낳는 주된 죄입니다. 당장은 별 문제가 없어 보이지만 결국에는 그 영혼을 죽일 죄들입니다. 베드로 사도는 거듭난 자라면 시기심은 어울릴 수 없기에 시기는 반드시 버려야 한다고 이야기합니다.

"너희가 거듭난 것은 썩어질 씨로 된 것이 아니요 썩지 아니할 씨로 된 것이니 살아 있고 항상 있는 하나님의 말씀으로 되었느니라"(벧전 1:23).

우리가 거듭난 것은 살아 있고 항상 있는 하나님의 말씀으로 되었다는 것입니다. 그래서 진정 거듭난 사람은 결국 시기심을 이겨 냅니다. 왜냐하면 그의 영혼 안에 심겨진 생명의 말씀이 뿌리를 내리고 자라서 예수님의 성품이 그 사람을 지배하기 때문입니다. 그러면서 점점 육신의 열매와 성향들을 제거하기 때문입니다. 그렇기에 우리 영혼은 건강히 성장하고 성숙해야 합니다. 그러면 육신의 열매인 시기와 질투를 이겨 냅니다.

문제는, 자신은 거듭났다고 하는데 시기심이 극복되지 않는 경우입니다. 둘 중에 하나입니다. 아직 거듭나지 않았거나, 영적 어린아이이기 때문입니다. 거듭나지 않으면 육에 속한 자가 되어 시기와 질투에 지배당하는 삶을 삽니다. 자신보다 더 잘되는 사람을 보지 못합니다. 심지어 마음에 분노가 치밀고, 우울과 슬픔이 밀려옵니다. 시기심이 극복이 안 되는 두 번째 경우는 아직 영적으로 어린아이이기 때문입니다.

"갓난아기들같이 순전하고 신령한 젖을 사모하라 이는 그로 말미암아 너희로 구원에 이르도록 자라게 하려 함이라"(벧전 2:2).

사람이 거듭나면 성령에 의해 성령의 본성, 곧 예수님의 성품이 심겨집니다. 그러나 영이 아직 어리면 육신의 힘이 더 강하므로 그것이 그 사람을 지배합니다. 시기는 전형적인 영적 어린아이의 특징입니다.

"형제들아 내가 신령한 자들을 대함과 같이 너희에게 말할 수 없어서 육신에 속한 자 곧 그리스도 안에서 어린아이들을 대함과 같이 하노라 … 너희는 아직도 육신에 속한 자로다 너희 가운데 시기와 분쟁이 있으니 어찌 육신에 속하여 사람을 따라 행함이 아니리요"(고전 3:1, 3).

고린도전서에서 바울은 '육신에 속한 자'와 '육에 속한 자'를 구분합니다. 육에 속한 자는 거듭나지 않은 일반 사람을 말합니다. 반면 육신에 속한 자는 거듭났지만 영적으로 어린아이인 자를 말합니다. 영적인 어린아이들의 특징은 시기와 질투, 분쟁입니다. 언젠가 주일학교 어린이부 담당 목사님과 대화를 하다가 이런 이야기를 들었습니다. 오프라인 예배를 하니까 아이들끼리 다투는 일들이 종종 있다는 것입니다. 별거 아닌 일로 티격태격한다는 것입니다. 이유가 무엇입니까? 아이들이기에 그렇습니다. 그런데 이것이 어린아이들에게만 일어나는 일일까요? 어른들도 교회 일을 하다가 서로 다투는 경우들이 있습니다. 그 이유 중에 하나는 다른 사람이 가진 권한이나 역할에 대한 시기심인 경우가 많습니다.

문화심리학자 김정운 교수는, 시기심은 철없는 사내만 느끼는 미성숙한 감정이 아니라 시기심과 상관이 없어 보이는 사람일수록(지식인, 문화예술인, 심지어 종교인) 시기심이 더 적나라하다고 분석합니다.[31] 그러면서 한국 사회는 '위험 사회', '격차 사회', '피로 사회', '불안 사회'이기도 하지만 '시기 사회'만큼 한국 사회의 특징을 잘 나타내는 표현은 없다고 봅니다.

그렇다면 육신에 속한 시기인지, 육에 속한 시기인지를 어떻게 알 수 있을까요? 시기에 대한 경고의 말씀을 들었을 때 그 말씀에 반응하고 회개한다면 육신에 속한 시기입니다. 육신에 속한 시기는 어린아이의 미숙한 성품이지만 거듭난 영입니다. 그렇기에 아기가 신령한 젖을 사모하듯 하나님의 말씀에 반응합니다.

'아, 나에게 시기와 질투가 있구나. 내가 어린아이구나. 내가 회개하여 더 성숙해야겠구나.'

이것이 '육신에 속한 자'의 반응입니다. 반면, '육에 속한 시기'는 말씀에 반응하지 않습니다. 마치 아직 태어나지 않은 아기는 들을 수도 없고, 엄마의 젖을 먹을 수도 없는 것과 비슷합니다. 말씀을 들으며 자신 안에 시기심이 있음을 안다면, 그렇기에 그 시기심을 버려야겠다, 처리해야겠다는 마음이 든다면, 그것은 성령의 역사입니다. 거듭나지 않은 육에 속한 자들은 자기 안에 시기심이 있는 것조차 알지 못하기 때문입니다.

성경이 말하는 시기의 죄

야고보 사도는 시기와 경쟁을 함께 언급합니다. 왜냐하면 시기심은 경쟁심을 낳기 때문입니다.

"여러분의 마음속에 지독한 시기심과 경쟁심이 있으면 자랑하지 말고, 진리를 거슬러 속이지 마십시오 … 시기심과 경쟁심이 있는 곳에는 혼란과 온갖 악한 행위가 있습니다"(약 3:14-16, 새번역).

경쟁자를 뜻하는 영어 단어 'rival'은 'river', 즉 강이라는 단어에서 나온 말입니다. 같은 강물을 마시는 자가 경쟁자라는 것입니다. 강이 다르면 경쟁할 이유가 없습니다. 경쟁하는 이유는, 같은 강을 사용하고 그 강의 물을 함께 마시기 때문입니다. 다시 말해, 시기심은 비슷한 사람들끼리 가지는 감정입니다. 예를 들어, 한 회사의 평사원은 사장님을 시기하지 않습니다. 자신과 나이 혹은 직위가 비슷한 사람이 자신보다 더 앞서갈 때 시기심을 느낍니다. 여자는 남자의 외모를 보고 시기하지 않습니다. 여자는 다른 여성이 자신보다 더 아름답고 젊다고 느낄 때 시기합니다.

가까운 친구가 결혼을 하는데 왜 기뻐하지 못할까요? 그 친구가 예쁜 아이까지 낳았다는데 왜 축하해 주지 못할까요? 어쩌면 내면에 감추어진 시기심 때문일 수 있습니다. 이처럼 시기는 다른 누군가가 자신보다 더 좋은 것을 가지고 있다고 생각할 때 느끼는 감정입니다. 그렇다 보니 다른 사람의 행복을 보고 슬퍼하고, 반대로 다른 사람의 불행을 보고 기뻐합니다. 아니, 어떻게 다른 사람의 행복을 보고 슬퍼하고 심지어 분노할 수 있을까요? 예수님은 탕자 이야기에서 그런 경우가 있음을 말씀해 주셨습니다.

첫째 아들은 아버지에 대해 시기하지 않습니다. 자기와 비슷한 동생에 대해 시기하고 분노합니다. 동생이 집을 나갔다가 오랜만에 살아 돌아왔습니다. 아버지는 죽은 줄 알았던 아들이 돌아와서 너무나 기쁩니다. 그러나 그 사실이 기쁘지 않은 이가 둘 있습니다. 하나는 그의 형이고, 다른 하나는 살찐 소입니다(살찐 소를 잡아다가 연회를 베풀라!). 살찐 소는 무슨 죄입니까?

　형은 동생이 살아 돌아온 것에 대해 기뻐하지 않고 오히려 분노합니다. 동생을 위한 요란스러운 환영의 소리와 동생을 위해 베풀어진 잔치는 모두 사치요, 낭비로 느껴졌습니다. 죄 짓고 재산을 탕진한 그놈을 왜 반겨 줘야 하느냐는 것입니다. 옳고 그름의 문제 같고 정의와 불의의 문제 같은데, 실은 시기입니다. 동생을 위해 죽은 살찐 소와 잔치를 위해 소비되는 재산은 모두 자신의 것이 될 것인데 동생에게 쓰였다는 것입니다. 탕자 이야기를 통해 우리가 알 수 있는 것은, 시기심이란 기뻐하시는 하나님 아버지의 마음을 전혀 깨닫지 못하고 미움과 슬픔에 지배당한 불행한 영혼의 마음이라는 것입니다.

　한 주간 당신의 마음을 기쁘게 하거나 슬프게 한 것은 무엇입니까? 혹시 누군가 실패하고 넘어진 일로 인해 기뻐하지는 않았습니까? 혹시 누군가 성공하고 형통한 것으로 인해 슬퍼하거나 우울해지지는 않았습니까? 만일 그렇다면 이미 영혼을 죽이는 시기심이 당신 안에 서서히 퍼지고 있다는 증거입니다.

　이 시기심은 우리의 영혼과 삶을 파괴합니다. 시기심은 상대가 잘될 때 앞에서는 축하해 주는 것 같아도 돌아서면 배 아파하고 그를 자리에서 끌어내리고 싶어 하는 악한 속성을 갖고 있습니다. 그래서 시기는 '자기가 행복하려면 상대방이 불행해야 한다고 생각하는 왜곡된 사랑'이기도 합니다.

시기는 악한 시선이다

시기는 영어로 'envy'라고 하는데, 이는 '자세히 보다'라는 라틴어 'invidia'에서 파생된 단어입니다. 한 예로, 예수님은 사람의 마음속에 있는 악한 것들을 나열하셨는데 그중 하나가 시기입니다. 새번역 성경은 그것을 '악한 시선'으로 번역했습니다.

> "간음과 탐욕과 악의와 사기와 방탕과 악한 시선[envy]과 모독과
> 교만과 어리석음이다"(막 7:22, 새번역).

상대방을 바라보는 시선이 곱지 않습니다. 눈이 이글이글 타오릅니다. 왜 그렇습니까? 타인이 자기보다 잘되는 것을 용납할 수 없기 때문입니다. 이처럼 자신이 있어야 할 자리에 다른 누군가가 있는 것을 보지 못하는 악한 시선이 시기입니다.

시기를 악한 시선으로 번역했을 때 떠올려지는 사건이 있습니다. 사울이 다윗을 바라보았던 그 시선입니다. 다윗이 골리앗을 물리치고 돌아왔을 때 여인들의 노래가 울려 퍼졌습니다.

"여인들이 뛰놀며 노래하여 이르되 사울이 죽인 자는 천천이요 다윗은 만만이로다 한지라 사울이 그 말에 불쾌하여 심히 노하여 이르되 다윗에게는 만만을 돌리고 내게는 천천만 돌리니 그가 더 얻을 것이 나라 말고 무엇이냐 하고 그날 후로 사울이 다윗을 주목하였더라"(삼상 18:7-9).

새번역 성경은 "사울이 다윗을 주목하였더라"라는 내용을 다르게 번역했습니다.

"그날부터 사울은 다윗을 시기하고 의심하기 시작하였다"(삼상 18:9,새번역).

'주목하다'를 '시기하다'로 바꾸었습니다. 악한 시선으로 바라보았다는 것입니다. 여기서 누가 문제입니까? 사울입니까? 저는 먼저는 여인들도 어느 정도 갈등의 원인을 제공했다고 봅니다. 한 명은 천천, 다른 한 명은 만만이라고 하면 천천 소리를 듣는 사람의 기분은 당연히 나쁠 것입니다. 그리고 엄밀히 말하면 영광은 사울이나 다윗이 아니라 하나님이 받으셔야 합니다. 하나님께 돌려야 할 영광을 왜 사람에게 돌립니까? 제가 볼 때는 이스라엘 여인들의 '왜곡된 팬심'이 사울의 육신의 본성인 시기심을 발동시킨 것입니다. 저는 이런 생각도 해 보았습니다.

'사울과 다윗을 비교하는 이 노래를 부르게 한 것이 혹시 사탄은 아닐까?'

앞선 장에서 살펴본 대로 사탄은 교묘하게 자신의 생각을 마치 그 사람의 생각인 양 집어넣는 데 선수이기 때문입니다. 그러나 설령 여인들이 원인 제공을 했다 하더라도 그 마음을 지켜야 했던 것은 바로 사울 자신이었습니다. 사울은 들려오는 노랫소리를 들으며 이런 생각을 했습니다.

"그가 더 얻을 것이 나라 말고 무엇이냐"(삼상 18:8).

'그가 나라를 빼앗겠구나.'

이 생각이 꼭 틀린 것은 아닙니다. 이미 하나님은 사울의 나라를 다윗에게 넘기셨기 때문입니다(삼상 15:28). 그러나 그 이유는 사울의 불순종 때문입니다. 사울은 여기서 시기심을 품고 분노할 것이 아니라, 자신의 불순종을 되돌아보아야 했습니다.

'하나님께서 왕권을 주셨는데 내가 하나님께 감사하거나 순종하지 않고 교만했구나!'

그러나 사탄은 이러한 사울의 생각의 방향을 불순종을 회개하는 쪽이 아니라 다윗을 죽여 버리는 쪽으로 틀어 버렸습니다. 그날 이후로 사울은 다윗을 죽이려는 데 자신의 전 인생을 쏟아 붓습니다. 죽어 가는 생명을 살리는 데 바쳐도 짧을 인생을 사람을 죽이는 데 바쳐 버린 것입니다. 그레고리우스는 "사람의 시기는 증오와 험담과 비난이라는 세 딸을 낳는다"고 했습니다. 사울은 결국 이 시기심과 시기심이 낳은 증오 때문에 죽습니다. 참으로 기가 막힌 일이 아닐 수 없습니다. 시기심은 우리의 영혼을 증오에 사로잡히게 만들고 병들게 합니다. 시기심을 가진 자의 눈은 늘 경쟁자를 주목하고 있기에 자기 자신을 돌볼 겨를이 없습니다. 그러므로 시기는 영혼을 죽이는 죄요, 하나님과의 동행이라는 영적 여정을 가로막는 장해물입니다. 사울에게는 그 치명적인 장해물이 바로 시기심이었습니다.

"평온한 마음은 육신의 생명이나 시기는 뼈를 썩게 하느니라"(잠 14:30).

시기는 영혼을 병들게 할 뿐만 아니라 한 사람의 건강을 해칩니다. 무엇이 시기입니까? 누군가가 가지고 있는 것과 그의 삶을 원하는 것, 자신이 가진 것에 감사하기보다 자신이 가지지 못한 것에 집중하고 집착하는 마음의 병이 시기입니다. 그러나 시기는 여기에 그치지 않습니다. 시기는 그들의 삶에 분개합니다. 그래서 우리 안에 이러한 증상들이 있다면 심각하게 여기고 가만 놔두어서는 안 됩니다.

시기는 우리 안에 있는 우상을 보게 한다

시기는 악한 것이지만, 그 악을 선으로 선용할 방법이 있습니다. 시기를 통해 우리 안에 숨겨진 우상을 보는 것입니다. 물론 우리 안에 무엇이 숨겨져 있는지를 알려면 그 실체를 볼 용기가 필요합니다. 하지만 우리가 누구를 왜 시기하는지를 알면, 우리 마음과 영혼의 깊은 곳에 진짜 무엇이 있는지를 알 수 있습니다. 우리로 하여금 아침에 일어나게 하고, 움직이게 하며, 밤을 새도록 하게 하는 동기가 진짜 하나님이 원하시는 동기인지 아닌지를 알 수 있습니다.

거의 모든 이들의 영혼 속에는 깊이 숨겨진 우상이 있습니다. 시기는 바로 그 우상의 실체가 무엇인지를 알아차릴 수 있는 단서를 제공합니다. 우리가 누군가를 시기하는 이유는 시기하는 그 대상이 실제로 내가 가장 사랑하고 원하고 실상 내가 섬기는 그것을 갖고 있기 때문입니다. 그것이 외모일 수도 있고, 권력일 수도 있고, 재물일 수도 있습니다. 그것이 인기, 유명세, 영향력 그리고 사람들의 인정일 수도 있습니다. 이처럼 시기는 우리가 숨기고 싶은, 그러나 진짜 바라는 것이 무엇인지를 엿보게 합니다. 그래서 우리 안에 시기심이 있다면, 우리는 우리의 참된 동기에 대한 진실성을 검증해 봐야 합니다.

'나는 무엇을 위해 이 일을 하려는 것인가?'

'나는 어떠한 목적을 위해 섬기고 있는가?'

'나는 무엇을 위해 사역을 하고 있는가?'

'나는 무엇을 위해 탈진하도록 몸을 혹사시키며 일을 하고 있는가?'

'도대체 무엇이 나를 이끌어 가고 있는가?'

'정말 이 일이 중요하다면 내가 아닌 더 나은 사람이 해도 괜찮지 않은가?'

'내가 아니라 그 사람이 하면 안 되는 이유는 무엇인가?'

'내가 꼭 해야 하는 이유는 무엇인가?'

'하나님을 위해, 주님을 위해, 하나님 나라를 위해 한다고 했지만 사실은 나 자신을 위한 것은 아닌가?'

하나님의 일을 하면서 시기가 나타난다면, 우리 안의 진실성과 진정성에 심각한 문제가 있다는 뜻입니다. 시기는 우리가 누리고 있어야 할 자리에 다른 누군가가 있기에 배 아파하는 상한 감정이요, 악한 시선이기 때문입니다. 참 두려운 것은, 이 시기가 영적 지도자들에게도 언제든지 일어날 수 있다는 것입니다.

18세기, 미국의 조나단 에드워즈는 하나님의 강권적인 역사로 인한 부흥을 보았습니다. 하나님이 조지 휫트필드(George Whitefield)와 그의 말씀을 통해서 놀라운 부흥을 일으키신 것입니다. 그런데 빛의 역사가 강한 만큼 그림자도 짙었습니다. 그 부흥의 중심에 쓰임 받지 못한 이들이 있었고, 그 사람들에게 질투와 시기가 나타난 것입니다. 만일 그렇다면 어떻게 해야 합니까? 하나님의 부흥을 놀라워하며 그것이 계속 일어나도록 사모해야 합니다. 자신이 그 일에 쓰임 받지 못한 것에 대해 애석해하며 자신을 점검하고 철저하게 죄를 버리는 회개가 있어야 합니다. 그런데 그것이 아니라 시기하는 이들이 있었다는 것입니다.

'그 부흥은 가짜다. 너무 감정을 자극한다. 너무 설교가 길고 많다.'

어느 일이든지 장단점이 있습니다. 그러나 부흥을 반대하는 이들은 장점보다 단점을 밝혀내고 비판하기에 혈안이 되어 있었습니다. 그래서 조나단 에드워즈가 해야 했던 중요한 일들 중 하나는 부흥을 반대하는 이들에 대해 소논문과 편지를 작성해서 답변하는 것이었습니다. 그는 이렇게 말합니다.

> 목사들은 하나님이 부흥을 일으키시는데 있어서 자신보다 더 많이 사용하시는 다른 목사들에 대해 시기심을 품지 않도록 주의해야 합니다. 우리는 부흥의 도구로 사용된 사람들에게 속한 영예를 그들에게 돌리기를 거부하지 말아야 합니다. 그들이 젊거나 다른 점들에서 우리보다 훨씬 못한 자들이라고 해서 말입니다. 하나님이 그들에게 그처럼 큰 영예를 허락하신 것이 우리에게는 아주 못마땅해 보일지 모릅니다.[32]

부흥을 원한다고 하지만 우리 안에 시기가 있다면, 실은 부흥을 원하는 것이 아니라 세상의 중심이 되고 싶은 '나'라는 우상을 원하고 섬기는 것입니다. 참으로 무서운 일입니다. 시기에 있어서 목회자도 예외가 아니라는 것입니다. 왜 그렇습니까? 교만과 마찬가지로 시기심도 악한 영과 악한 생각에서 비롯된 것이기 때문입니다. 예수님도 마귀가 유혹했는데, 목회자나 영적 지도자라고 예외겠습니까? 더 강한 유혹과 미혹이 찾아옵니다. 시기라는 유혹에서 예외가 될 사람은 아무도 없습니다. 나는 어느 유혹에도 자유하다고 자만해서는 안 됩니다.

우리는 진정한 부흥을 갈망하고 구해야 합니다. 그러나 동시에 빛에 대비되는 어둠의 역사도 함께 일어날 수 있음을 알아 분별하고 대비해야 합니다. 그것 중 하나가 바로 시기와 질투입니다. 누군가를 통해 하나님이 하시는 일을 험담하고 깎아내리고 저평가하는 것입니다. 부흥의 시대에 얼마든지 일어날 수 있는 일입니다. 기억하십시오. 시기는 악마에게 속한 일입니다.

"여러분의 마음속에 지독한 시기심과 경쟁심이 있으면 자랑하지 말고, 진리를 거슬러 속이지 마십시오. 이러한 지혜는 위에서 내려온 것이 아니라, 땅에 속한 것이고, 육신에 속한 것이고, 악마에게 속한 것입니다"(약3:14-15,새번역).

결국, 시기심은 공동체를 파괴하는 왜곡된 자기 사랑의 독한 열매입니다. 예수님이 십자가에 넘겨지신 것은 바로 대제사장들이 예수님을 시기했기 때문입니다.

"그[빌라도]는 대제사장들이 예수를 시기하여 넘겨주었음을 알았던 것이다. 그러나 대제사장들은 무리를 선동하여, 차라리 바라바를 놓아 달라고 청하게 하였다"(막 15:10-11, 새번역).

명목상의 이유는 신성 모독이었지만, 예수님을 죽이려 했던 진짜 이유는 시기였습니다. 대제사장들은 자신의 자리를 예수라는 자에게 빼앗겼다고 느낀 것입니다. 대제사장들이 참 대제사장이신 예수님을 시기했다는 점은 매우 아이러니한 일입니다. 임시적이며 모형이었던 자들이 영원하며 참된 실재이신 대제사장을 보고 위기를 느낀 것입니다. 가짜는 진짜에게, 모형은 참된 실재에 자리를 마땅히 내어 줘야 합니다. 세례 요한이 오직 어린 양만을 가리키며 자신은 쇠하고 그분은 흥해야 한다고 했던 것처럼 말입니다. 이런 점에서 시기는 다른 사람이 아니라 나 자신이 중심이 되어야 하는데 좌절된 상처로 인한 자아의 반응입니다. 예수님도 죽일 수 있는 죄가 시기입니다. 그러므로 우리는 반드시 우리 안에 있는 이 시기의 죄를 극복하고 이겨 내야 합니다.

시기, 어떻게 싸울 수 있는가

그렇다면 어떻게 시기와 싸워서 이길 수 있을까요?

말씀으로 악한 영과 악한 생각에 반론을 제기하라

앞선 장에서 언급한 것처럼 우리의 감정과 행동의 시작은 생각입니다. 마귀는 계속해서 우리의 생각을 장악하기 위해 온갖 노력을 기울일 것입니다. 그때마다 우리는 말대답 혹은 반론을 제기해야 합니다. 누군가가 미워지거나 시기하는 마음과 생각이 맴돌 때, 아래 말씀을 기억하십시오. 그 사람도 주님이 사랑하고 쓰시는 종입니다. 바울파, 아볼로파 같은 것은 없습니다. 우리는 다 하나님의 동역자입니다.

> "심는 사람과 물 주는 사람은 하나이며, 그들은 각각 수고한 만큼 자기의 삯을 받을 것입니다. 우리는 하나님의 동역자요, 여러분은 하나님의 밭이며, 하나님의 건물입니다"(고전 3:8-9, 새번역).

우리는 하나님의 동일한 밭이요, 건물입니다. 건물에는 기둥도 있고 벽도 있고 바닥과 천장도 있습니다. 모든 것이 갖추어져야 온전한 건물이라고 할 수 있습니다. 누가 더 낫고 덜한 것이 없습니다. 가장 지혜로운 건축자이신 하나님의 뜻대로 세워지고 쓰임 받을 뿐입니다.

또한 시기의 반대 정신에 대한 말씀을 암송하거나 기억하고 반론을 제기하는 것도 큰 힘이 됩니다.

> "즐거워하는 자들과 함께 즐거워하고 우는 자들과 함께 울라"(롬 12:15).

예수님과 동행한다는 것은 다른 것이 아닙니다. '내 동료나 친구가 즐거워할 상황을 맞이했을 때 예수님이라면 어떻게 하셨을까?'를 생각해 보십시오. 당연히 축하하고 기뻐해 주셨을 것입니다. 그것에 순종하는 것 그리고 시기심이 들려 할 때 예수님이 주신 말씀으로 물리치고 반대 정신으로 나아가는 것이 예수님과 동행하는 삶입니다. 예수님과 동행하는 삶의 기초는 바로 말씀에서 나옵니다.

하나님 나라의 큰 그림을 보라

앞에서 시기를 악한 시선이라고 정의했습니다. 동시에 시기는 근시안입니다. 시기는 우리의 시야를 좁게 만듭니다. 예를 들어, 사울과 다윗을 보십시오. 사울에게 다윗은 적입니까, 아군입니까? 아군입니다. 나라 전체로 보면 사울에게 다윗은 천군만마와 같은 존재입니다. 크게 보면 사울에게 다윗은 꼭 필요한 사람입니다. 오히려 이스라엘의 적은 블레셋입니다. 그런데 시기는 시야를 좁게 만듭니다. 그래서 블레셋, 즉 사탄과 악의 세력을 보지 못하고 사울과 다윗 둘만 보게 합니다. 그럼 어떻게 될까요? 동역자가 아니라 경쟁자가 됩니다. 이것이 시기의 본질입니다.

시기는 근시안이므로 하나님 나라를 보지 못하게 합니다. 그렇다면 방안은 고개를 들어 하늘의 관점, 하나님의 관점에서 이 땅을 봐야 합니다. 그러면 강이 아니라 바다를, 태평양을 보게 됩니다. 그것이 하나님 나라의 관점입니다. 나무가 아니라 숲을 보는 것입니다. 내가 누구인지, 우리가 누구인지를 보라는 것입니다.

지금 누군가를 시기하고 있다면 그 사람을 떠올려 보십시오. 왜 시기합니까? 나와 그 사람만 보기에 그렇습니다. 시야가 좁아진 것입니다. 그러나 하나님의 관점에서 보십시오. 그는 하나님의 동역자입니다. 부흥의 시대 혹은 부흥의 시기를 준비하기 위해서는 나의 역할도 있어야 하지만, 그의 역할도 너무나 중요합니다. 혼자서 할 수 있는 일은 거의 없습니다. 하나님 나라의 원 팀(One Team)으로 협력하고 동역해야 합니다.

출애굽기 35장에 보면 하나님이 모세를 통해서 성막을 지을 재료를 가져오라고 명하십니다. 그러자 이스라엘 자손들이 각자의 소유 중에서 자원하는 마음으로 재료를 가지고 옵니다. 그중에는 금도 있고, 은도 있고, 동도 있습니다. 청색 실, 홍색실, 가는 모시실도 있습니다. 그런데 어떤 사람은 금과 은이 없습니다. 그래서 염소 털을 가져옵니다. 염소 털을 가져오는 입장에서는 금을 가진 사람을 시기할 만도 합니다. 금과 염소 털만 보면 그런 마음이 들 수 있습니다.

'하나님, 저에게는 왜 염소 털만 주셨나요? 이 사람은 금이 있고, 저 사람은 은이 있네요. 저는 왜 염소 털 인생인가요?'

염소 털 인생이 아닙니다. 각각의 역할이 다른 것입니다. 금은 촛대나 등잔대를 만드는 재료입니다. 그러나 금은 염소 털의 기능을 못 합니다. 염소 털의 기능이 무엇일까요? 장막의 두 번째 덮개가 염소 털로 만들어집니다. 염소 털의 영적 의미는 예수님이 죽으셔서 그분의 의로 우리를 덮어 주셨다는 것입니다. 금수저 인생, 염소 털 인생, 이렇게 비교하며 시기할 것이 아닙니다. 하나님의 성막을 지으려면 그들 모두가 다 있어야 합니다. 하나님은 금도, 은도 귀하게 여기시지만, 청색 실도, 염소 털도 귀하게 여기십니다.

달란트 비유를 보십시오. 누구는 다섯 달란트, 누구는 두 달란트를 받았습니다. 두 달란트를 받은 입장에서는 샘이 날 수 있습니다. 물론 두 달란트도 굉장히 큰 것입니다. 하지만 비교하면 불행합니다. 그런데 두 달란트를 받은 사람은 다섯 달란트를 받은 사람과 비교하지 않습니다. 자신에게 주어진 두 달란트를 가지고 성실하게 충성을 다하여 섬깁니다. 훗날 주인이 돌아왔을 때 그는 다섯 달란트를 받은 자와 똑같은 칭찬을 받습니다.

"착하고 충성된 종아, 잘하였도다!"

자신보다 더 많이 받은 자를 시기하고 질투할 일이 아닙니다. 다섯 달란트를 받은 자가 해야 할 일이 있고, 두 달란트를 받은 자가 해야 할 일이 있습니다. 물론 대부분은 "기왕이면 다섯 달란트를 받는 것이 더 좋지 않은가?"라고 말합니다. 그러나 우리는 우리가 무엇을 구하고 있는지 잘 알지 못합니다. 예수님께서는 이런 말씀을 하셨습니다.

"너희는 너희가 구하는 것이 무엇인지도 모르고 있다. 내가 마시려는 잔을 너희가 마실 수 있겠느냐?"(마 20:22, 새번역).

다섯 달란트를 구하는 것은 꼭 이와 같습니다. 이것은 결코 감당하기 쉬운 일이 아닙니다.

순회 성경 연구가였던 아더 핑크(Arthur Pink)는 다윗이 목동에서 왕궁으로, 왕으로 부름 받은 것을 보고 이런 이야기를 했습니다.

인간의 본성은 높은 자리에 있는 사람들을 시기하고 질투하는 경향이 있다. 그들이 각종 이익과 혜택을 누린다고 간주하기 때문이다. 그러나 그런 자리의 혜택은 자리가 초래하는 책임과 그런 자리에서 만나게 되는 더 많은 유혹들로 인해 상쇄된다. 다윗은 베들레헴의 들판에 있을 때가 사울 왕의 궁정에 있을 때보다 훨씬 더 좋았다. 양을 지키는 일이 사울의 시중을 드는 것보다 덜 힘들었다. 다윗은 푸른 초원에 있을 때 그를 시기하는 조신들, 궁정의 부자연스러운 예절, 그리고 미친 군주가 던지는 창으로부터 자유로웠다. … 그러므로 우리는 하나님이 그분의 섭리로 주어진 자신의 위치에 자족해야 한다. 그리스도와 공동 상속자가 된 우리가 어째서 이 세상의 하찮은 것들에 관심을 두는가?[33]

어린 다윗이 받았을 시기와 질투, 그가 받았을 스트레스와 고통, 어마어마한 유혹과 시험을 안다면 어느 누구도 함부로 다섯 달란트를 구하지 못할 것입니다. 하나님 나라의 각각의 역할이 다 다른 것입니다. 그러므로 교회의 규모나 재산의 많고 적음, 남들보다 앞서가든 뒤처지든 서로 비교할 필요가 없습니다. 모두 하나님의 섭리 안에서 안배된 것입니다.

벌써 16년 전의 일입니다. 교육부에서 어느 산속 시골 마을로 사역자 리트릿(Retreat)을 갔습니다. 그곳은 한국 전쟁 때도 평온했던 마을이라고 합니다. 마을을 찾아가던 중 길이 두 갈래로 갈렸습니다. 그런데 안내하는 전도사님이 어느 길로 가도 결국은 만난다고 하는 것입니다. 그래서 저를 포함한 일부는 언덕길로 가고, 다른 일행은 평지로 갔습니다. 길은 달랐지만 결국은 만나게 되었습니다. 그때 주님이 이런 마음을 강하게 주셨습니다.

'다위야, 사람마다 내가 부른 길이 다 다르다. 그러니 서로 비교하거나 시기할 필요가 없단다.'

그때 주신 마음을 붙잡은 이후로 저는 시기에 대한 문제를 거의 대부분 해결 받았습니다. 매듭을 지은 것입니다. 그 이후로도 물론 유혹이 없지는 않았습니다. 하지만 사울과 같은 자가 되지 않기를 늘 깨어 기도하곤 했습니다. 감사하게도 그때마다 하나님께서 제 마음을 지켜 주셨습니다. 시야를 좁게 갖지 않고 폭넓게 갖도록 인도해 주셨습니다. 그 한 예로, 미국에 있을 때 저보다 열 살 더 연장자이며, 박사 학위를 갖고 있으면서 영어를 원어민처럼 하는 한 신학교 교수님께서 제가 섬기던 교회에서 동역을 해 주셨습니다. 저는 얼마든지 그분의 능력과 성취에 대해 시기할 수도 있었습니다. 하지만 시기의 유혹을 이길 수 있었던 이유는, 그를 하나님 나라의 귀한 동역자로 보았기 때문입니다. 지금은 비록 떨어져 있지만, 각각 하나님께서 부르신 위치와 자리에서 하나님 나라를 섬기고 있습니다.

하나님 나라의 큰 그림을 보십시오. 그러면 누구든 시기할 대상이 아니라, 함께 그 나라를 위해 섬기는 너무나 소중한 동역자임을 깨닫게 될 것입니다.

하나님의 선하심을 확신하고 감사하라

시기란, 현재 하나님이 허락하신 상황에 대한 불신의 태도입니다. 시기가 있다는 것은 실상 하나님이 주신 선물들을 즐거워하지 않으며 그분의 주권에 대해 신뢰할 수 없다는 반항의 표현입니다. 왜 우리가 다른 사람이 가진 것을 악한 시선과 질투의 시선으로 바라봅니까? 하나님이 주신 것에 대한 감사가 사라졌기 때문입니다. 하나님은 선한 분이며 사랑이심을 믿지 않기 때문입니다. 하나님이 주신 것이 단 하나라 하더라도 그 안에 모든 것이 있음을 믿지 못하기 때문입니다.

한 예로, 하나님께서는 광야를 지나는 백성에게 만나를 주셨습니다. 우리가 생각하기에도 만나는 광야를 지나는 백성을 위한 식량으로 충분치 못한 것 같습니다. 하나님의 주권과 선하심에 대한 믿음이 흔들리는 것입니다. 시편 105편에 의하면, 만나는 하늘의 양식으로 불렸습니다. 맛은 꿀 섞은 과자와 같다고 했습니다. 만나는 안식일을 제외하고는 매일 내렸고, 안식일 전날에는 이틀 분량이 내렸습니다. 하나님이 광야 생활 동안 친히 내려 주신 음식입니다. 그러나 백성은 그것으로 충분하지 않다고 생각했습니다. 그들은 고기를 원했습니다.

"누가 우리에게 고기를 주어 먹게 하랴 우리가 애굽에 있을 때에는 값없이 생선과 오이와 참외와 부추와 파와 마늘들을 먹은 것이 생각나거늘"(민 11:4-5).

이집트에 있을 때는 생선도 공짜로 먹고, 오이와 부추와 파, 마늘도 있었는데, 고작 자신들의 눈에 보이는 것은 만나밖에 없다는 것입니다. 하지만 놀라운 것은, 고기와 부추와 파와 마늘을 다 먹어도 '만나' 하나만 못하다는 사실입니다. 백성이 광야를 걸어도 발이 부르트지 않았다고 했습니다(느 9:21). 그 말은, 만나 안에는 그들에게 필요한 영양분이 다 있었다는 것입니다. 사역을 하다 보면 종종 식사를 거르거나 대충 때울 때가 있습니다. 그럴 때면 '비타민같은 알약 하나로 식사를 대체할 수 있으면 좋겠다'는 생각을 하곤 합니다. 그런데 사실 만나가 바로 그런 음식이었습니다.

광야는 밥을 잘 먹기 위해 간 곳이 아닙니다. 광야는 하나님의 음성을 듣고 순종하는 것을 배우는 훈련소이자 통과해야 할 과정입니다. 하나님이 주신 목적지를 향해 가야 합니다. 그 과정을 통해 믿음과 순종을 배우게 됩니다. 그 모든 과정을 지나는 동안 하나님은 만나를 통해 그들에게 필요한 모든 영양분을 다 제공해 주셨습니다. 그런데 이스라엘 백성은 감사하지 않았습니다. 이는 그들을 향한 하나님의 주권과 섭리를 거부했다는 것입니다. 하나님 당신이 틀렸다는 것입니다.

시기란, 하나님이 주신 상황에 대한 불신의 태도입니다. 자신에게 주신 것에 대해 즐거워하지 않겠다는 것입니다. 그러므로 이 시기를 이기려면 이 고백을 해야 합니다.

"주님을 경외합니다. 주님께서 모든 것을 합당하게 배분하고 섭리하셨습니다. 하나님은 선하십니다. 주님은 이미 저에게 완전한 만나를 주셨습니다."

잠언 23장 17-18절을 보십시오. 경외하는 자에게 무엇이 있습니까?

"죄인들을 보고 마음속으로 부러워하지 말고, 늘 주님을 경외하
여라. 그러면, 너의 미래가 밝아지고, 너의 소망도 끊어지지 않는
다"(새번역).

주님을 경외하는 자들에게 주님은 그들의 전부가 되어 주십
니다. 그분이 온전한 만나이시기 때문입니다. 예수님은 당신
을 '하늘에서 온 생명의 떡'이라고 말씀하셨습니다. 당신이 만
나라는 것입니다.
"너에게 내가 있지 않느냐? 완전한 만나, 충분하며 참 만나인
내가 너와 함께 있지 않느냐? 그것이면 충분한 것이 아니냐?"
탕자의 형에게 아버지는 이렇게 말합니다.

"애야, 너는 늘 나와 함께 있으니 내가 가진 모든 것은 다 네 것이
다"(눅 15:31, 새번역).

하나님의 선하심을 믿으십시오. 그분의 선하심과 인자하심
은 다함이 없습니다.
시편 73편을 쓴 아삽은 거만한 자들이 잘되는 것을 시샘했습
니다. '나도 그들처럼 살아야 하나?' 하는 유혹도 들었습니다.

그런데 악한 자들의 종말이 어떻게 되는지를 하나님이 보여 주셨습니다. 그들이 누렸던 모든 것이 덧없이 사라짐을 보았습니다. 진짜 가장 귀한 것은 주님이시라는 것을 아삽은 하나님의 성소에 들어가서야 깨닫습니다. 그리고 이런 고백을 남깁니다.

"내가 주님과 함께하니, 하늘로 가더라도, 내게 주님밖에 누가 더 있겠습니까? 땅에서라도, 내가 무엇을 더 바라겠습니까? … 하나님은 언제나 내 마음에 든든한 반석이시요, 내가 받을 몫의 전부이십니다"(시 73:25-26, 새번역).

아삽의 시기는 하나님이 든든한 반석이시고 자신이 받을 몫의 전부임을 깨달았을 때 치유되었습니다. 참 만나이신 주님 안에 모든 것이 다 있다는 것입니다.

우리는 이 확신으로 충만해야 합니다. 하나님은 당신의 섭리로 우리 각 사람에게 가장 좋은 것을 주셨습니다. 우리가 할 것은 우리와 함께하시는 주님 안에 거하고 감사하며 찬양하는 것입니다. 그리고 즐거워하는 자들과 함께 즐거워하고, 슬퍼하는 자들과 함께 슬퍼하는 것입니다. 하나님의 관점에서 크게 보십시오. 우리 모두는 하나님 나라의 동역자입니다. 이 믿음으로 마귀의 악한 생각과 악한 시선인 시기를 이겨 내는 그리스도인이 되기를 바랍니다.

이 장의 핵심 구절인 베드로전서 2장 1-2절과 잠언 23장 17-18절을
다시 한 번 읽고 묵상합니다.

1. 이 장에서 성령의 도우심으로 깨닫게 된 부분은 무엇입니까?

2. '시기의 죄'를 각자의 언어로 표현해 보십시오.

3. 시기의 죄는 당신에게 어떠한 형태로, 언제 나타납니까?

4. 시기의 죄와 싸우고 이기기 위해 당신이 믿고 순종해야 할 일은 무
   엇입니까?

5. 기도 제목을 가지고 함께 기도하십시오.

1. 마음속으로 다른 이들을 시기하고 질투했던 죄를 회개합니다. 주님의 보혈로 죄를 정결케 하소서. 또한 시기의 악한 생각과 감정을 넣어 주는 마귀를 대적합니다. 모든 생각을 사로잡아 분별하여 주 예수님께서 기뻐하시는 것에만 복종케 하소서.

2. 시기로 좁아진 눈을 열어 하나님 나라의 큰 그림을 보게 하소서. 주위 사람들이 경쟁자가 아니라 동역자임을 보게 하시고, 각자에게 주신 독특한 부르심과 은사를 가지고 서로 연합하며, 오직 주님과 주의 나라를 위해 신실하게 쓰임 받게 하소서.

3. 내게 주신 모든 것에 감사하게 하소서. 하나님을 경외함으로 하나님의 주권적인 섭리 가운데 주신 '나의 만나'를 귀히 여기게 하소서. 참 만나이신 주님만이 내가 받을 몫의 전부임을 믿고 고백하게 하소서.

4

과정 가운데
숨겨진 은혜를 경험하라

"오랜 후에 그 종들의 주인이 돌아와 그들과 결산할 새
다섯 달란트 받았던 자는 다섯 달란트를 더 가지고 와
서 이르되 주인이여 내게 다섯 달란트를 주셨는데 보
소서 내가 또 다섯 달란트를 남겼나이다 그 주인이 이
르되 잘하였도다 착하고 충성된 종아 네가 적은 일에
충성하였으매 내가 많은 것을 네게 맡기리니 네 주인
의 즐거움에 참여할지어다 하고 … 한 달란트 받았던
자는 와서 이르되 주인이여 당신은 굳은 사람이라 심
지 않은 데서 거두고 헤치지 않은 데서 모으는 줄을
내가 알았으므로 두려워하여 나가서 당신의 달란트를
땅에 감추어 두었었나이다 보소서 당신의 것을 가지
셨나이다 그 주인이 대답하여 이르되 악하고 게으른
종아 … 이 무익한 종을 바깥 어두운 데로 내쫓으라 거
기서 슬피 울며 이를 갈리라 하니라"(마 25:19-30).

'나태'라는 주제를 바쁜 사회를 살아가는 현대인들에게 적용하는 일은 적합해 보이지 않습니다. 특히 분주하게 살아가는 한국인들에게 필요한 말씀은 나태가 아니라 쉼, 휴식이 더 어울리는 주제가 아닐까 생각합니다. 성경의 안식에는 일을 멈춤으로써 우리의 삶이 우리의 노동에 의존하지 않음을 알게 하려는 의미가 담겨 있습니다. 즉 안식을 통해 자신의 노력과 힘으로 살고 있다는 생각에 저항하라는 뜻입니다. 안식과 쉼을 통해 하나님을 바라봄으로써 우리의 삶이 하나님에게 전적으로 의존하고 있음을 알라는 것입니다. 그러므로 분주한 한국인들에게 안식과 쉼은 매우 적합한 주제입니다.

그렇다면 나태 혹은 태만이라는 주제는 바쁜 이들에게는 어울리지 않는 것일까요? 그렇지 않습니다. 일을 열심히 하는 현대인이라 할지라도 나태의 죄는 그대로 적용될 수 있습니다. 오히려 바쁨과 분주함이라는 표면적인 모습 이면에는 치명적인 나태가 감추어져 있을 수 있기 때문입니다. 그 말은 곧 나태에는 게으름을 넘어선 숨겨진 의미가 있다는 뜻입니다.

나태란 무엇인가

마태복음 25장에 나오는 '나태한', '게으른'이라는 의미의 헬라어 '오크네로스'(ὀκνηρός)에는 크게 두 가지 뜻이 담겨 있습니다. 하나는 우리가 보통 아는 대로 '게으른', 혹은 '귀찮은'이라는 뜻입니다. 이러한 게으름과 관련하여 가장 많이 경고하는 성경은 잠언입니다. 잠언 24장 30절에 보면 게으른 사람의 밭과 지혜 없는 사람의 포도원 이야기가 나옵니다. 밭이 가시덤불과 엉겅퀴로 덮여 있습니다. 그때 지혜자가 교훈을 얻습니다.

"네가 좀 더 자자, 좀 더 졸자, 손을 모으고 좀 더 누워 있자 하니 네 빈궁이 강도같이 오며 네 곤핍이 군사같이 이르리라"(잠 24:33-34).

게으름의 결과는 빈궁과 곤핍이라는 것입니다. 물론 모든 가난과 빈궁의 원인이 게으름은 아닙니다. 질병 혹은 선천적인 장애로 인해 노동을 할 수 없거나, 불의한 사회적 구조, 착취로 인해 재정적인 궁핍이 발생할 수 있습니다. 그러나 성경은 분명히 빈궁은 게으름의 결과 중 하나라고 말씀합니다. 그렇다면 게으른 사람은 지혜롭지 못한 것일까요? 잠언 26장을 보면 놀라운 이야기가 기록되어 있습니다. 게으른 사람은 오히려 스스로를 지혜로운 자라고 생각한다는 것입니다.

"게으른 자는 사리에 맞게 대답하는 사람 일곱보다 자기를 지혜롭게 여기느니라"(잠 26:16).

'게으른 천재'라는 말이 있습니다. 오히려 천재 중에 게으른 사람이 있을 수 있다는 것입니다. 이들은 자신이 지혜롭다고 생각하기에 성실하고 부지런한 삶을 우습게 봅니다. 그것을 미련하다고 생각합니다. 그럴 필요 없이 머리를 잘 쓰면 한 방에 상황을 뒤집을 수 있다는 한탕주의를 의지하는 경향이 있습니다.

또한 잠언 15장은 게으른 사람의 길을 가시 울타리 길로 묘사합니다.

"게으른 자의 길은 가시 울타리 같으나 정직한 자의 길은 대로니라"(잠 15:19).

이 구절을 자세히 보면 길이라는 단어가 세 가지 종류로 나옵니다. 여기서 게으른 자의 '길'과 정직한 자의 '길'은 서로 다른 단어입니다. 게으른 자의 길은 히브리어로 '데렉'(דֶּרֶךְ)이라고 하는데, 이는 정식으로 난 길입니다. 반면 뒤에 나오는 정직한 자의 길은 '오라'(אֹרַח)라고 하며, 이는 샛길을 의미합니다.

무슨 말입니까? 게으른 자의 삶이 더 편하고 잘되는 것처럼 보인다는 것입니다. 그러나 길을 가다 보면 가시 울타리가 됩니다. 반면 정직하고 성실한 자의 길은 바보 같고 미련해 보여서 샛길처럼 제대로 된 길이 아닌 것처럼 보인다는 것입니다. 그러나 결국 정직하고 성실한 자의 길이 대로입니다. 이 대로는 히브리어로 '세룰라'(סְלֻלָֽה׃)라 하는데, 이는 확 트인 큰길을 의미합니다. 그리고 세룰라는 점점 하늘로 향해 난 길입니다. 하늘로 향해 있는 길이 정직한 자의 대로입니다. 이렇게만 봐도 성경은 결코 게으른 삶을 지지하지 않습니다. 느린 것 같고 미련하게 보여도 성실한 삶을 귀히 여깁니다.

나태의 또 다른 의미는 '열정이 없는'입니다. 무엇에 열정이 없을까요? 주인의 부르심에 열정이 없습니다. 주님이 주신 사명에 사랑이 없고 열정이 없는 상태, 그것이 나태입니다. 토마스 아퀴나스는 나태를 "영적이고 신적인 선함에 대한 슬픔과 혐오 또는 지루함이다"라고 묘사했습니다.[34] 하나님의 선하심과 좋은 것에 대해 기뻐하거나 순종으로 반응하기는커녕 혐오하거나 지루해한다면 심각한 죄가 아니겠습니까? 이런 점에서 나태는 영적으로 볼 때 치명적인 죄가 될 수 있습니다. 만일 나태를 '주님이 주신 사명에 사랑과 열정이 없는 상태'라고 정의하면 아무리 바쁘게 살아도 나태의 죄에 빠져 있을 수 있습니다. 왜 그럴까요?

이런 비유를 들 수 있습니다. 우리 앞에 좋은 차가 있습니다. 빠르고 승차감이 편안하며 보기에도 좋습니다. 이런 차가 있다면 타고 싶은 마음이 들 것입니다. 그런데 만일 목적지가 다르다면, 합승할 수 있겠습니까? 나태는 '방향성'의 문제입니다. 우리가 아무리 열심히 일하며 분주하고 바쁘게 살지라도 그것이 오로지 자기 자신을 위한 것이라면, 또한 주님이 부르신 사명과 이웃 사랑에 게으르다면, 그 사람이 하루하루를 바쁘게 살아도 나태라는 치명적인 죄에 병들어 있는 것입니다. 다시 말해, 아무리 바쁘게 살아도 하나님 앞에서는 전혀 부지런하지 않을 수 있다는 것입니다. 주님과 함께하는 방향이 다르다면 그 분주함은 주님 보시기에 여전히 나태일 수 있다는 것입니다. 육체적으로는 나태하지 않을지 모르나 영적으로는 하루 종일 침대에서 뒹구는 사람일 수 있다는 것입니다.

나태는 라틴어로 'acedia'라고 하는데, 이는 '무관심'이라는 뜻입니다. 즉 나태는 행하는 죄가 아니라 무관심해서 행하지 않는 죄입니다. 도로시 세이어즈는 나태를 이렇게 설명했습니다.

[나태는] 아무것도 안 믿고, 아무것도 돌보지 않고, 아무것도 알려 하지 않고, 아무것도 간섭하지 않고, 아무것도 즐기지 않고, 아무것도 사랑하지 않고, 아무것도 미워하지 않고, 아무것에서도 의미

를 찾지 못하고, 아무 목적도 없이 살아가는 것으로서, 위해서 죽을 만한 것이 없어서 아직까지 연명하고 있는 중이다.[35]

즉, 나태는 아무것에도 신경 쓰지 않는 죄라는 점에서 일종의 중독이기도 합니다. 그렇기 때문에 나태가 우리의 영혼과 삶에 미치는 부정적인 영향력은 매우 큽니다.

더 나아가 서양 수도원주의의 창시자인 요한 카시아누스는 나태를 단지 게으름이 아니라 '절망'의 일종으로 보았습니다. '나태는 지옥에서 절망으로 부르는 죄'라는 말이 있습니다. 앞서 도로시 세이어즈가 언급한 대로, 누군가가 나태한 이유는 자신의 인생에서 더 깊은 수준의 인생의 의미를 보지 못함으로써 오는 절망을 느끼기 때문이라는 것입니다. 요한 카시아누스는 자신의 책 《수도원 규칙》에서 수도원에 와 있지만 지루해하는 한 수도사를 소개하면서 이렇게 나태를 언급합니다.

그는 거기에 머무는 동안 아무런 선행을 할 수 없다고 탄식하고, 그 집단에 속해 있는 한 영적인 열매를 맺을 수 없다고 불평하며 한숨짓습니다. 그리고 그는 영적인 유익으로부터 차단되었으며 그곳에서 아무런 도움이 되지 않는다고 불평합니다. … 이 수도사는 게으른 것이 아니라 실제로 그는 활동적이고, 일어나서 '진짜' 수도원으로 이동하여 진정으로 자신이 유용하다고 여겨지는 곳으로 가고자 합니다. 문제는 그가 실제 생활을 포기했다는 것입니다. 때때로 우리는 자신이 처한 상황이 희망이 없고, 아무것도 할 수 없다고 생각하며, 어떻게든 도망치거나 탈출하고 싶어 합니다. 그 결과 모든 것이 지루해 보이고, 의욕이 없고, 아무것도 의미를 찾지 못하는 상태가 됩니다. 결국 모든 것에 대해 불평하게 됩니다. 그것은 게으름처럼 보이지만 실제로는 더 깊은 수준에서 인생에 대한 의미를 보지 못하고 인생을 계속하는 데 있어 아무런 의미를 찾지 못하는 절망의 일종입니다.[36]

물론 우리가 분명히 기억해야 할 것이 있습니다. 하나님은 우리를 성과와 성취에 기반해서 사랑하시는 분이 아닙니다. 우리가 더 많은 것을 성취해야만 사랑하고, 그렇지 않으면 미워하시는 분이 아닙니다. 그분은 우리를 존재 그 자체로 사랑하십니다. 하나님은 예수님이 제자도 삼지 않고 십자가도 지지 않고 그 어떠한 사역도 하기 이전에 "이는 내 사랑하는 아들이요 내 기뻐하는 자라"(마 3:17)고 말씀하셨습니다. 이 점을 분명히 해야 합니다. 하지만 그렇다고 해서 그저 가만히 있으라는 뜻은 아닙니다. 예수님은 사랑받는 자, 하나님의 아들이라는 정체성을 바탕으로 당신의 맡겨진 사명과 목적을 향해 나아가셨습니다. 마찬가지로 하나님은 우리를 은혜로 구원하고 자녀로 삼아 주셨습니다. 그리고 우리를 천국으로 데려가지 않고 현재 이 땅에 남겨 주셨습니다. 이는 우리를 위해서가 아닙니다. 주를 위해서입니다.

> "그가 모든 사람을 대신하여 죽으심은 살아 있는 자들로 하여금 다
> 시는 그들 자신을 위하여 살지 않고 오직 그들을 대신하여 죽었다가
> 다시 살아나신 이를 위하여 살게 하려 함이라"(고후 5:15).

우리는 주를 위해 사는 자들입니다. 이것이 우리가 사는 삶
의 이유입니다. 그렇기에 여전히 우리 자신을 위해 바쁘게 산
다 한들 그것은 영적으로 볼 때 나태일 수 있습니다. 주님은 이
땅에서 뜨거운 열정으로 하나님의 뜻을 행하며 아픈 영혼들과
사람들을 치유하고 구원하기 위해 사셨습니다. 마찬가지로 주
님은 우리에게 '이웃을 네 몸과 같이 사랑하라'고 명하셨습니
다. 이제는 자신만을 위해 살지 말고, 다른 이들을 위해 살라는
것입니다. 선한 일을 열심히 하는 백성이 되라는 것입니다.

> "그가 우리를 대신하여 자신을 주심은 모든 불법에서 우리를 속
> 량하시고 우리를 깨끗하게 하사 선한 일을 열심히 하는 자기 백
> 성이 되게 하려 하심이라"(딛 2:14).

만일 이것을 깨닫지 못했다면, 아직 복음을 이해하지 못한
것입니다. 구원이 예수 믿고 천국에 가는 것이라면 믿자마자

다 죽어야 합니다. 그런데 왜 남아 있는 것일까요? 우리 자신 때문이 아니라 주를 위해 그리고 다른 이들을 위해서입니다. 복음을 알지 못하는 이들, 하나님의 사랑을 알지 못하는 이들, 예수님의 십자가를 모르는 이들 때문에 남아 있는 것입니다. 오해하지 말아야 할 것은, 복음을 전하고 이웃을 사랑해야 구원받는 것이 아닙니다. 은혜로 구원받고 큰 사랑을 거저 받았기에 그 사랑으로 사랑하고 섬기는 것입니다. 그것이 우리가 이 땅에 남아 있는 이유이고, 삶의 이유입니다.

달란트 비유

본문에 기록된 달란트 비유는 깨어 있는 종과 그렇지 못한 종의 비유 그리고 열 처녀 비유에 이어서 등장하는 비유입니다. 이 세 가지 비유는 공통적으로 주님이 재림하시기 전까지 그리스도인들이 어떻게 충실하게 행동해야 하는지를 가르치고 있습니다. 비유마다 조금씩 강조점이 다른데, 두 종의 비유는 주인이 곧 오시니 깨어 있으라는 것이고, 열 처녀 비유는 주인이 돌아오는 일이 지체되니 인내를 가지고 기다리라는 것이고, 달란트 비유는 주인이 주신 것을 가지고 신실하게 일하라는 것입니다. 주인이 다시 돌아와서 결산할 것이기 때문입니다. 여기서 나태는 주인이 돌아왔을 때 결산할 준비가 되지 못하도록 만드는 죄입니다.

착하고 충성된 종

본문의 내용은 이렇습니다. 한 주인이 타국에 갈 때 종들을 불러 자신의 소유를 맡깁니다.

"또 어떤 사람이 타국에 갈 때 그 종들을 불러 자기 소유를 맡김과 같으니"(마 25:14).

누구의 소유입니까? 주인의 소유입니다. 종의 것이 아닙니다. 마찬가지로, 우리가 가진 것은 우리의 것이 아닙니다. 이 세상에 옷을 입거나 돈을 가지고 태어난 사람은 아무도 없습니다. 우리가 가진 것은 다 받은 것입니다. 본질적으로 우리 삶은 선물이요, 주인이 맡긴 소유입니다. 달란트는 주인이 맡긴 것으로서 생명, 시간, 재능, 재산을 비롯한 모든 것입니다.

달란트의 수량은 그들의 재능대로 다섯, 둘, 하나씩 주어졌습니다. 한 달란트는 6,000데나리온, 지금 최저 임금으로 계산해도 최소 4-5억 원 정도 되는 큰돈입니다. 수량이 다른 것은 주인의 판단에 따른 것입니다. 그리고 주인은 자신의 소유를 이 종들에게 맡겼습니다. 여기서 맡긴다는 것은 주인으로부터 자산 운용에 대한 온전한 권한과 자유를 부여받았다는 뜻입니다. 종이긴 하지만 주인과 다름없는 권한 그리고 자유가 주어진 것입니다. 본문을 자세히 보면 주인은 구체적인 일을 지시하지 않습니다. 그래서 다섯 달란트 받은 자와 두 달란트 받은 자는 달란트를 받자마자 '바로 가서' 장사를 합니다.

"다섯 달란트 받은 자는 바로 가서 그것으로 장사하여 또 다섯 달란트를 남기고"(마 25:16).

앞에서 '오크네로스'의 의미는 '지체하는', '귀찮은'이라고 했습니다. 이들은 정반대의 모습을 보여 줍니다. 지체하지 않고 바로 가서 장사를 했다는 것입니다. 성경은 이러한 단어를 아무 이유 없이 사용하지 않습니다. 별 것 아닌 것 같지만 이러한 단어들이 그 사람의 성품과 성향을 보여 주기 때문입니다. 이들은 자신에게 주어진 시간이 얼마나 될지 몰랐습니다. 그 말은 주인이 언제 돌아올지 몰랐다는 것이고, 주인이 금방 돌아올 수도 있기에 결산을 준비했다는 뜻이기도 합니다. 그런데 주인이 언제 돌아왔습니까? 본문 19절을 보십시오.

"오랜 후에 그 종들의 주인이 돌아와 그들과 결산할새."

주인이 '오랜 후에' 돌아왔습니다. 기대했던 시간보다 더 지체되었다는 것입니다. 주님의 재림이 지체되고 있습니다. 그러나 이 말은 그분이 다시 오시지 않는다는 뜻이 아닙니다. '오

랜 후에'라는 표현으로 봤을 때 두 종은 오랜 기간 동안 부르심
의 자리를 떠나지 않았음을 알 수 있습니다. 주인의 일정이 돌
아오지 않을 것처럼 지체되어도 늘 한결같이 자신에게 주어진
달란트를 가지고 성실하게 일했다는 것입니다. 이런 종들을
향한 주인의 칭찬이 무엇입니까?

> "그 주인이 이르되 잘하였도다 착하고 충성된 종아 네가 적은 일
> 에 충성하였으매 내가 많은 것을 네게 맡기리니 네 주인의 즐거
> 움에 참여할지어다 하고"(마 25:21).

"잘했다, 착하고 충성된 종아." 적은 일에 충성한 신실한 종
이라는 것입니다. 여기서 반복되어 나오는 '충성'(혹은 '신실'[새번
역])은 하나님의 성품입니다.

> "그러나 주님께서는 신실하신 분이시므로, 여러분을 굳세게 하
> 시고, 악한 자에게서 지켜 주십니다"(살후 3:3, 새번역).

다시 말해, 이 칭찬은 종이 주인을 닮았다는 것입니다. 종이
주인의 마음에 합하다는 것입니다. 겉과 속이 같다는 것이고,
누가 보든 안 보든 하나님 앞에서 살아갔다는 뜻입니다. 주인
을 닮았기에 이 종들에게는 주인의 권한과 자유가 더욱더 주

어집니다. 그것이 바로 더 많은 것을 맡는 일입니다. 주인의 일에 더욱 참여하게 되는 것입니다.

언제 이렇게 됩니까? 주인이 돌아온 이후입니다. 주인이 돌아왔다는 것은 분명 예수님의 재림을 뜻하는데, 재림 이후에 무슨 더 많은 일을 맡기실까요? 성경은 줄곧 주님이 다시 오신 이후에도 당신의 신실한 백성에게 맡기실 일이 있음을 말씀하고 있습니다. 이는 열 므나의 비유에도 나옵니다.

"주인이 이르되 잘하였다 착한 종이여 네가 지극히 작은 것에 충성하였으니 열 고을 권세를 차지하라 하고"(눅 19:17).

열 고을 권세가 누구에게 주어집니까? 작은 것에 충성한 종, 착한 종, 신실한 종입니다. 이때의 권세도 주인이 온 뒤에 주어집니다. 요한계시록에 보면, 사도 요한은 주님과 함께 심판할 권세를 받은 사람들을 보았습니다.

"또 내가 보좌들을 보니 거기에 앉은 자들이 있어 심판하는 권세를 받았더라"(계 20:4).

주님이 재림하신 이후에 해야 할(주인이 맡겨 준) 귀중한 역할이 있습니다. 새 하늘과 새 땅이 임하기 전에 첫째 부활에 참여하는 이들에게 주어지는 복이 무엇입니까? 그리스도와 더불어 왕 노릇 하는 것입니다.

"이 첫째 부활에 참여하는 자들은 복이 있고 거룩하도다 둘째 사망이 그들을 다스리는 권세가 없고 도리어 그들이 하나님과 그리스도의 제사장이 되어 천 년 동안 그리스도와 더불어 왕 노릇 하리라"(계 20:6).

우리가 아는 백 보좌 심판, 즉 사람들이 행위대로 심판을 받는 것이 그다음에 등장합니다. 이것은 이 땅에서 주님이 주신 시간과 재능과 물질, 생명과 삶을 가지고 주님의 뜻대로 섬기고 사랑한 사람들에게 주어집니다. 작은 일에 충성한 사람, 상황과 여건이 좋지 않아도 다시 오실 주님을 신뢰하며 부름 받은 자리를 지킨 사람들에게 주어지는 것입니다.

당신에게 주어진 것이 어떤 것이든, 크든 작든, 많든 적든 결코 소홀히 여기지 마십시오. 적은 것, 또는 작은 것에 충성할 때 주님은 더 많은 것, 큰 것을 맡겨 주십니다.

이에 대한 정확한 예가 바로 다윗입니다. 그는 그저 아버지가 맡겨 주신 양 떼를 돌보고 있었습니다. 하지만 그냥 쳐다보고 있었던 것이 아닙니다. 양이 곰이나 사자에게 잡혀가면 목숨을 걸고 가서 건져 내었습니다. 나태한 목자라면 어떻게 했을까요? 상황과 여건을 탓했을 것입니다.

"하필 곰이나 사자가 와서 그런 거예요. 그것을 어떻게 막습니까? 어쩔 수 없었습니다."

나태한 사람은 남 탓, 상황 탓을 하며 이러저러한 핑계를 댑니다. 그러나 다윗은 신실한 목자였습니다. 그는 그 즉시 따라가 곰과 사자의 입에서 새끼를 건져 냈습니다. 하나님은 이러한 그의 삶을 보고 더 많은 것을 맡겨 주셨습니다.

> "또 그의 종 다윗을 택하시되 양의 우리에서 취하시며 젖양을 지키는 중에서 그를 이끌어 내사 그의 백성인 야곱, 그의 소유인 이스라엘을 기르게 하셨더니"(시 78:70-71).

다윗은 젖양, 즉 새끼를 둔 어미 양을 지키는 목자였습니다. 그가 신실하고 충성스럽게 지키고 돌보았더니 하나님은 그에게 나라를 맡기셨습니다. 하나님의 소유인 이스라엘 전체를 기르게 하셨습니다. 이것이 하나님의 방식입니다. 하나님은 적은 일에 충성한 자에게 많은 것을 맡기시는 분입니다. 우리는 정체성을 분명히 해야 합니다. 우리는 그리스도와 왕 노릇해야 할 존재입니다. 이는 우리에게 맡겨진 작은 일 혹은 적은 일을 어떻게 대하느냐에 달려 있습니다.

당신이 현재 맡고 있는 일은 무엇입니까? 적다고 소홀히 여기지 마십시오. 귀찮아하지 마십시오. 하나님은 우리가 그 일을 어떻게 대하고 다루는지 지켜보고 계십니다. 마음의 중심을 보고 계십니다. 어떠한 동기와 태도로 일하는지 보고 계십니다.

악하고 게으른 종

그러나 한 달란트를 받은 종은 주인의 마음을 전혀 알지 못했습니다. 그는 가서 땅을 파고 주인의 돈을 감추어 둡니다.

> "한 달란트 받은 자는 가서 땅을 파고 그 주인의 돈을 감추어 두었더니"(마 25:18).

그는 왜 돈을 감추어 두었습니까? 나중에 결산할 때 그 이유가 나옵니다.

> "한 달란트 받았던 자는 와서 이르되 주인이여 당신은 굳은 사람이라 심지 않은 데서 거두고 헤치지 않은 데서 모으는 줄을 내가 알았으므로"(마 25:24).

그는 주인을 '굳은 사람'이라고 생각했습니다. 이는 주인을 두려워했다는 말입니다. 게다가 심지 않아도 거두고, 씨를 뿌리지 않아도 모으는 줄 알았다고 말합니다. 그는 주인의 특성과 성품을 완전히 오해하고 있습니다. 한마디로, 주인에게 손해를 끼치면 혼날까 봐 두려워 손해 보지 않는 길을 택했다는 것입니다. 즉 죄짓지 않는 길입니다. 적어도 손해는 보지 않았다는 것입니다.

이것이 바로 나태의 죄입니다. 죄는 하지 말아야 할 것을 어기는 것도 있지만, 마땅히 행해야 할 일, 순종해야 할 일을 하지 않는 것도 죄입니다. 한 주간 동안 저는 거짓말하지 않았고, 탐욕을 부리지도 않았고, 남의 것을 훔치지도 않았습니다. 이 정도면 잘 살았다고 할 수 있습니다. 그런데 최고의 계명이 무엇입니까?

> "예수께서 이르시되 네 마음을 다하고 목숨을 다하고 뜻을 다하여 주 너의 하나님을 사랑하라 하셨으니 이것이 크고 첫째 되는 계명이요 둘째도 그와 같으니 네 이웃을 네 자신같이 사랑하라 하셨으니"(마 22:37-39).

최고의 계명은 죄를 짓지 않는 것이 아니라, 목숨과 뜻과 힘을 다해서 사랑하고 섬기는 것입니다. 여기서 사랑하고 섬기지 않은 것에 대해 무관심한 상태, 이것이 나태입니다. 즉, 나태는 최고의 계명인 '사랑하라'를 하지 않게 하는, 사랑에 무관심하게 하는 죄입니다. 그렇기에 가장 무서운 죄이기도 합니다.

주님은 우리가 당신의 즐거움에 참여하기를 원하십니다. 주님은 우리가 창조 사역에 동참하기를 원하십니다. 그런 점에서 나태는 창조의 해체라고 할 수도 있습니다. 나태는 우리 주변 세계의 선함을 부정하고 관심을 두지 않는 것이지만, 주님은 우리가 하나님의 동역자로서 씨를 심고 물을 주는 일에 참여하기를 원하십니다. 그래서 우리에게 자유를 주셨습니다. 죄에서 풀려나게 하시고, 자유롭게 사랑하고 섬기라고 우리에게 삶을 주셨습니다. 이때 주님은 우리에게 자유와 권한을 함께 주셨습니다. 주님이 우리에게 맡기셨다는 것은, 우리는 주인의 시간을 가졌고, 주인을 대리하고 있다는 것입니다.

신앙은 그저 죄를 짓지 않는 것이 아니라 그 이상입니다. 구원은 단지 죽어서 천국에 가는 것이 아닙니다. 물론 그것도 엄청난 은혜지만, 우리가 살아 있는 이유는, 세상을 사랑으로 다스리라는 고귀한 사명을 감당하기 위함입니다. 이 땅에서 하나님 나라의 사명을 살아 내는 것입니다. 이미 예수님의 부활로 시작된 새 창조의 역사를 바로 지금, 이 땅에서 누리고 살아 내는 것입니다.

이집트에서 풀려난 이스라엘 백성에게 자유가 주어졌습니다. 이집트에서는 종이었기에 자유가 없었습니다. 그런데 사람들이 그 자유를 싫다고 합니다. 종이긴 했지만 이집트에서는 맛있는 음식을 먹을 수 있었다는 것입니다. 그때의 삶이 더 낫다는 것입니다. 우리로서는 이해되지 않는 생각입니다. 그런데 나태에 빠지면 충분히 그럴 수 있습니다.

결국 그가 어떠한 사람인가는 그에게 먹을 것과 입을 것과 잘 곳이 주어졌을 때 그가 그 자유로 무엇을 선택하느냐에 따라

결정됩니다. 열심히 일하고 돈을 번 다음에는 무엇을 하고 싶습니까? 돈을 번 다음에 하고 싶은 것, 그것이 그 사람입니다.

하나님은 지금 우리에게 물으십니다.

"넌 무엇을 위해 그렇게 열심히 사느냐? 열심히 산 뒤에는 무엇을 하려느냐?"

아무리 열심히 일하며 살아도 주님의 부르심과 상관이 없다면 우리는 이 한 달란트 받은 종과 다를 바가 없습니다. 주인의 기쁨에 참여하고 있지 않기 때문입니다. 이 종은 주인이 맡겨 준 것은 땅에 묻었지만, 자신과 관련된 일은 열심히 했을지도 모릅니다. 그 부분은 성경에 기록되어 있지 않으니 알 수 없습니다. 그러나 앞에서 언급한 대로, 아무리 열심히 살아도 나태할 수 있습니다. 기억하십시오. 결산의 날은 반드시 옵니다. 주인이 그 종을 어떻게 책망합니까?

"그 주인이 대답하여 이르되 악하고 게으른 종아 나는 심지 않은 데서 거두고 헤치지 않은 데서 모으는 줄로 네가 알았느냐"(마 25:26).

달란트를 땅에 묻은 종의 결말은 우리에게 경각심을 불러일으킵니다.

"이 무익한 종을 바깥 어두운 데로 내쫓으라 거기서 슬피 울며 이를 갈리라 하니라"(마25:30).

이 구절이 의미하는 것이 무엇입니까? 이 종은 실상 진정으로 종이었던 적이 없습니다. 그는 주인을 몰랐습니다. 사랑해 본 적도 없습니다. 주인을 마음이 굳은 사람, 심지도 않고 거두는 사람으로 완전히 오해하고 있습니다. 그렇다면 왜 달란트가 주어졌을까요? 예수님을 알든 모르든 생명은 모든 사람에게 주어집니다. 우리의 삶 자체가 선물, 곧 달란트입니다. 하늘의 해와 비 역시도 모두에게 주어집니다.

> "이같이 한즉 하늘에 계신 너희 아버지의 아들이 되리니 이는 하나님이 그 해를 악인과 선인에게 비추시며 비를 의로운 자와 불의한 자에게 내려 주심이라"(마5:45).

지구상의 모든 이들은 적어도 한 달란트를 받은 사람입니다. 왜 그렇습니까? 그들의 삶 때문입니다. 그러나 주인을 모르거나 거절하거나 자기 마음대로 살면 그 삶의 결과는 한 달란트를 받은 종과 같을 것입니다.

당신은 정말 주님을 알고 있습니까? 주님을 지식으로 아는 것은 중요하지 않습니다. 중요한 것은, 우리가 그분의 음성을 듣고 순종하는가입니다. 지금 바로 삶을 점검해 보십시오.

나태, 어떻게 싸울 수 있는가

그렇다면 어떻게 나태와 싸워 이길 수 있을까요?

생각을 지키라

한 달란트를 받은 종은 주인을 마음이 굳고 엄격한 사람으로 알고 있었습니다. 일하지 않고도 거두는 사람이라고 생각하고 있었습니다. 주인에 대해 완전히 오해하고 있는 것입니다. 주인은 실패했다고 혼내지 않았습니다. 오히려 아무것도 하지 않고 시간을 낭비한 것을 책망했습니다. 또한 주인은 종들을 통해서 일합니다. 하나님도 사람을 통해서 일하십니다. 당신의 나라를 위해 사람을 부르고 파송시키십니다. 이것이 주인의 방식입니다.

이 모든 오해는 게으른 종에게 침투한 악한 생각 때문입니다. 우리가 무엇을, 누군가를 알려면 반드시 생각을 거치게 되어 있습니다. 그렇기에 생각을 지켜야 합니다. 왜입니까? 마귀가 전혀 다른 생각을 집어넣어 그 사람을 오해하게 할 수 있기 때문입니다. 이 악한 종의 나태는 결국 주인에 대한 잘못된 생각, 자신이 받은 달란트에 대한 잘못된 생각에서 비롯된 것입니다.

우리는 생각을 지켜야 합니다. 자자, 눕자는 생각이 어디로 오는지 그 근원을 분별해야 합니다.

"게으른 자여 네가 어느 때까지 누워 있겠느냐 네가 어느 때에 잠이 깨어 일어나겠느냐 좀 더 자자, 좀 더 졸자, 손을 모으고 좀 더 누워 있자 하면 네 빈궁이 강도같이 오며 네 곤핍이 군사같이 이르리라"(잠6:9-11).

소명을 재발견하라

우리는 이 세상에 그냥 존재하는 것이 아닙니다. 모두 이유가 있어서 남아 있는 것입니다. 우리가 왜 태어났고 무엇을 위해 살아야 하는지를 아는 목적의식, 바로 소명 의식이 나태를 이기는 길입니다.

앞에서 말했듯이, 사람은 적어도 한 달란트 이상을 받았습니다. 이 말은, 우리가 살아야 할 이유가 있다는 것입니다.《손끝의 기적》(샘터)이라는 책에 보면 시각 장애를 가진 청소년들의 이야기가 나옵니다. 이들은 볼 수 없습니다. 그런데 이들이 사진 찍는 여행을 갑니다. 볼 수 없으니 귀로 듣고, 손으로 만지고, 마음으로 찍습니다. 처음에 아이들이 찍은 사진을 보면 초점이 나가 있거나 엉뚱한 곳이 찍혀 있기도 합니다. 그렇다면 이 사진 여행은 실패한 것일까요? 그 책에 마르셀 프루스트(Marcel Proust)라는 사람의 글이 쓰여 있습니다.

진정으로 무엇인가를 발견하고자 하는 여행은 새로운 풍경을 바라보는 것이 아니라 새로운 눈을 가지는 것이다.[37]

이들은 이 여행을 통해 새로운 눈, 소명을 갖게 됩니다. 종서라는 아이는 이 여행을 통해 이런 고백을 합니다.

참 감사하단 생각이 들어요. 다른 장애가 아니라 시각 장애만 가졌다는 게 말이에요. 소리로 듣고, 느낌으로 찾고, 만지면서 카메라 셔터를 누르는 것이 좋았어요.[38]

자신에게 없는 것을 불평할 수도 있고, 살지 않을 이유를 찾을 수도 있었을 것입니다. 그러나 새로운 눈이 열리니 오히려 감사하더라는 것입니다.

이 책에 등장하는 인물 중에 '이범빈'이라는 당시 18세 남학생이 있습니다. 중학교 3학년 때 시신경 위축증으로 시력을 잃었다고 합니다. 앞이 안 보이니 얼마나 좌절되었을까요? 한동안 원망과 상처가 컸다고 합니다. 아무것도 하기 싫었다고 합니다. 그러나 그가 하나님을 만나고 새로운 눈을 뜨게 되었습니다. 목회자가 되겠다는 소명을 발견한 것입니다. 자신처럼 실의에 빠진 사람에게 용기를 주고 싶었기 때문입니다. 자신의 삶은 한 달란트도 안 된다고 생각하고 그저 죽지 못해 산다고 할 수도 있었을 것입니다. 그러나 이 아이는 그 꿈을 품은 채 하루하루 주님을 붙잡고 살아갑니다.

패니 크로스비(Fanny Crosby)는 태어난 지 6주 만에 의사의 실

수로 시각 장애인이 되었습니다. 부모님도 어렸을 때 여의었습니다. 그런 그녀가 여덟 살 때 이런 시를 지었습니다.

아, 나는 얼마나 행복한 자인가!
비록 보이지 않는다 하여도 이 세상을 나는 만족하리.
다른 사람들이 가지지 못한 복을
나는 얼마나 많이 누리고 있는지.
보이지 않기에 한숨짓고 눈물지을 수도 있지만
나는 한숨도, 눈물도 지으려 하지 않으리.
나를 이끄시는 구세주, 내가 그분께 무엇을 더 물을까?
그분의 부드러운 자비를 어찌 의심할 수 있으리요?
천상의 평화, 신적인 위로, 믿음으로 그분과 함께 거하는 이곳!
나는 안다. 무슨 일이 일어날지라도
예수님은 모든 것을 잘 이루시리라는 사실을.[39]

그녀는 〈예수를 나의 구주 삼고〉(새찬송가 288장)를 비롯하여 8천여 곡의 찬송가를 작사했습니다.

적더라도 각자에게 주어진 고유한 소명과 부르심이 있습니다. 상황 탓, 환경 탓할 겨를이 없습니다. 우리는 훗날 이들과 동일한 선상에서 결산을 받을 것입니다.

"너는 두 눈과 양발, 양손을 가지고 무엇을 남겼느냐?"

온전하지 못한 몸에도 소명이 있다면, 온전한 몸을 가진 대부분의 이들에게도 소명이 있다는 것입니다. 주님이 주신 고유의 사명을 깨달을 때 나태를 이길 수 있습니다.

적은 것에서 시작하라

주님은 종들에게 거창한 것을 기대하신 것이 아닙니다. 그분이 우리에게 행하라고 하신 일은 그저 진리를 전하고, 원수 및 서로를 사랑하고, 지극히 작은 자를 섬기는 것입니다. 그것뿐입니다. 세상을 바꿀 만한 거창한 일이 아닙니다.

본문에 의하면 사람마다 다섯 개, 두 개, 한 개의 달란트가 주어졌습니다. 달란트의 분량이 다릅니다. 많이 받으면 좋고 적게 받으면 불행할까요? 저도 그랬습니다.

"주님, 기왕이면 많이 주세요! 큰 것 주세요!"

그러나 많이 받은 자에게는 하나님께서 많은 것을 요구하실 것입니다. 그러니 무조건 많이 받는다고 좋은 것이 아닙니다. 반대로 적게 받는다고 침울해할 필요도 없습니다.

한 달란트를 받은 종은 왜 게으르고 나태했을까요? 주인이 두려운 것도 있지만, 그는 비교했을 것입니다.

'쟤는 저렇게 많이 주고 나는 왜 적게 주지?'

'어차피 나는 쟤만큼은 못해.'

이것이 사람으로 하여금 나태하게 만드는 요인이 되기도 합니다. 그러나 알아야 할 것이 있습니다.

"네가 적은 일에 충성하였으매"(마25:21).

주인이 보기에는 다섯 달란트나 두 달란트나 모두 적은 일입니다. 생각해 보십시오. 주님이 우리에게 하늘에서 비를 내리게 하셨습니까? 지구의 자전과 공전을 맡기셨습니까? 자산이 몇억 원이든 단돈 몇 십만 원이든, 주인이 보기에는 다 적은 일입니다. 마찬가지로 인간이 할 수 있는 가장 위대한 일이라 할지라도 하나님이 보시기에는 적은 일입니다. 바꿔 말하면, 우리가 볼때는 아주 적은 일이라 할지라도 주님은 그것을 인간이 할 수 있는 가장 위대한 일로 인정해 주신다는 뜻입니다. 그러니 다른 사람을 시기하거나 부러워할 필요가 전혀 없습니다. 큰 목회, 작은목회가 어디 있습니까? 큰 사업, 작은 사업이 어디 있습니까? 우리는 주인이 주신 달란트에 신실하기만 하면 됩니다.

기억하십시오. 그저 작은 일에 충성하면 됩니다. 무엇을 하는 것이 달란트를 남기는 일일까요? 지극히 작은 자를 사랑하고 섬기는 것입니다. 본문에 이어지는 구절인 마태복음 25장 31절을 영어 성경인 NASB로 보면 'But'(그러나)으로 시작합니다. 즉 뒤에 나오는 양과 염소의 비유와 달란트의 비유는 연결

된 이야기라는 뜻입니다.

'슬피 울며 이를 가는 일이 있을 것이다. 그러나 인자가 다시 돌아와서 앉을 것이다. 지극히 작은 자를 섬긴 이는 곧 나에게 한 것이다. 창세로부터 너희를 위해 예비된 나라를 상속받으라!' 무엇이 달란트를 남기는 일입니까? 사랑하는 일, 섬기는 일입니다.

"내가 주릴 때에 너희가 먹을 것을 주었고 목마를 때에 마시게 하였고 나그네 되었을 때에 영접하였고 헐벗었을 때에 옷을 입혔고 병들었을 때에 돌보았고 옥에 갇혔을 때에 와서 보았느니라"(마 25:35-36).

"임금이 대답하여 이르시되 내가 진실로 너희에게 이르노니 너희가 여기 내 형제 중에 지극히 작은 자 하나에게 한 것이 곧 내게 한 것이니라 하시고"(마 25:40).

나태의 본질은 사랑의 명령을 거부하는 것입니다. 그렇기에 나태를 극복하는 길은 사랑하는 마음을 회복하는 것입니다. 마귀가 넣어 주는 나태하고 악한 생각으로부터 마음을 지키고, 주님으로 말미암은 소명을 재발견해 작은 것에서부터 사랑하며 섬기는 그리스도인이 되기를 바랍니다.

이 장의 핵심 구절인 마태복음 25장 19-30절을 다시 한 번 읽고 묵상합니다.

1. 이 장에서 성령의 도우심으로 깨닫게 된 부분은 무엇입니까?

2. '나태의 죄'를 각자의 언어로 표현해 보십시오.

3. 나태의 죄는 당신에게 어떠한 형태로, 언제 나타납니까?

4. 나태의 죄와 싸우고 이기기 위해 당신이 믿고 순종해야 할 일은 무엇입니까?

5. 기도 제목을 가지고 함께 기도하십시오.

1. 주님과 하나님 나라에 대한 열정이 없이 오직 '나의 나라'를 위한 바쁘고 분주한 삶이었음을 회개합니다. 나의 삶의 이유가 오직 주님과 하나님 나라가 되게 하소서.

2. 각각 고유하게 주신 소명과 사명을 알게 하소서. 남 탓, 상황 탓을 하거나 남과 비교하며 나태를 합리화하지 않게 하시고, 신실하게 그리고 충성스럽게 주께서 맡기신 일들을 감사함으로 감당케 하소서.

3. 주님이 주신 달란트(생명, 건강, 재정, 재능, 시간 등)로 성도들과 주변 이웃들을 섬기게 하소서. 그들도 주를 알게 하시고, 내가 누린 주의 사랑을 그들도 누리게 하소서.

영혼을 파괴하는 '분노의 죄'

감정의 기복을
말씀으로 통제하라

"내 사랑하는 형제들아 너희가 알지니 사람마다 듣기
는 속히 하고 말하기는 더디 하며 성내기도 더디 하라
사람이 성내는 것이 하나님의 의를 이루지 못함이라
그러므로 모든 더러운 것과 넘치는 악을 내버리고 너
희 영혼을 능히 구원할 바 마음에 심어진 말씀을 온유
함으로 받으라"(약 1:19-21).

교만, 허영, 시기, 나태와 마찬가지로 분노에서 자유로운 사람은 아마 없을 것입니다. 그런 면에서, 혹시 요즘 분노와 짜증이 많지는 않습니까? 분노의 원인은 여러 가지지만, 번아웃 증상 중에 하나가 분노이기도 합니다. 너무 많은 일로 지쳐 있는 경우, 사람의 체력은 한계가 있어 다 감당할 수 없을 때 폭발합니다. 특히 어린아이를 키우는 부부, 그중에서도 엄마의 경우에는 아이를 돌보느라 잠을 자지 못하고 잘 먹지 못할 때 짜증과 화가 납니다. 그래서 낮에 아이들에게 화를 내고 밤에는 '내가 왜 그랬을까?' 하며 후회를 합니다. 이런 현상에 대한 심리학적 전문 용어가 있다고 합니다. '낮버밤반'(낮에 버럭, 밤에는 반성). 우스갯소리이지만, 만일 이런 증상이 있다면 혹시 충분한 휴식과 쉼이 없는 것은 아닌지 점검해 봐야 합니다. 그런데 문제는, 번아웃이나 쉬지 못함이 문제가 아닐 때가 있다는 것입니다. 분명 충분히 쉬었고 체력에도 이상이 없는데 왜 화가 나는 것일까요? 왜 분노가 조절되지 않는 것일까요?

우리의 기도 생활에 있어서도 가장 장해가 되는 것 중에 하나가 바로 분노입니다. 분노에 사로잡혀 있으면 기도가 잘 안 됩니다. 수도사 에바그리우스는 증오, 화, 격노가 기도 생활에 가장 나쁜 적들임을 간파했습니다.

분노로 인한 충동은 우리의 정신을 눈멀게 합니다. 그래서 예수님은 반드시 예배 전에 분노를 처리하라고 말씀하셨습니다. 그 한 예로, 마태복음 5장 24절에 보면 형제와 먼저 화목하고 그 후에 예물을 드리라고 하셨습니다. 누군가와 원망과 원한으로 관계가 틀어져 있다면, 그 틀어진 사람과 원한과 분노를 풀어야 한다는 것입니다. 그러면서 예수님은 사람을 죽여야 살인이 아니라, 형제에게 분노하는 자마다 실은 살인한 것이고 결국 지옥 불에 들어갈 것이라고 하셨습니다.

"나는 너희에게 이르노니 형제에게 노하는 자마다 심판을 받게 되고 형제를 대하여 라가라 하는 자는 공회에 잡혀가게 되고 미련한 놈이라 하는 자는 지옥 불에 들어가게 되리라"(마 5:22).

이것은 우리가 분노의 문제를 결코 우습게 여겨서는 안 된다는 무서운 경고의 말씀입니다. 더 두려운 일은, 정작 분노하는 사람은 자신이 분노하고 있음을 전혀 인식하지 못하고 있다는 사실입니다. 부부 싸움을 하다가 언쟁이 격해지면 한쪽이 먼저 분노하게 됩니다.

"당신, 왜 그렇게 화를 내요?"

"(화나는 표정으로) 내가 언제 화를 냈다고 그래?"

화를 내면서도 자신이 화를 내고 있다는 것을 모릅니다. 이것이 분노의 기만성입니다.

헨리 나우웬(Henri Jozef Machiel Nouwen)은 그의 책《집으로 돌아가는 길》에서, 탕자의 비유에 나오는 큰아들의 내면에 남아 있는 원한을 치유하는 것은 방탕한 삶을 바로잡는 것보다 훨씬 어렵다고 지적합니다. 그는 분노가 원망이 되고 그 영혼을 서서히 죽이게 되는 일련의 과정을 이렇게 설명했습니다.

경건하게 산답시고 분노의 감정을 집어삼킨 채 드러내지 않으면 원망이 시작됩니다. … 하지만 관리되지 않은 분노는 시간이 지날수록 관계나 상황 속에 차곡차곡 쌓여서 언제 폭발할지 모르는 상태가 됩니다. 부정적인 감정들을 발산하지 않고 꾸준히 들이마시면 언젠가는 내면세계에 가득 퍼져서 사랑을 토대로 관계를 맺어가는 능력을 크게 떨어뜨리는 요인이 됩니다. 분노는 뜨겁고 맹렬한 단계를 지나서 차츰 차가워져서 마음의 맨 밑바닥으로 내려갑니다. 그런 상태로 오랜 시간이 지나면 원한과 원망이 존재 방식으로 정착됩니다. 원한은 차가운 분노입니다. … 원한은 마음 속

가장 깊은 곳에 은신하며 뼈와 살을 파고들므로 존재를 감지해내기가 여간 어려운 게 아닙니다. … 원한을 치유하는 건 방탕한 삶을 바로잡는 것보다 훨씬 어렵습니다.[40]

제대로 관리되지 않은 분노는 원한으로 발전하고, 그것은 한 영혼을 파괴시킵니다. 분노가 사라진 것 같아도 차가운 분노, 즉 원한으로 잠재되어 있는지 모릅니다.

의로운 분노와 분노의 유익

그렇다면 모든 분노가 치명적이고, 모든 분노가 죄일까요? 물론 그렇지 않습니다. 놀랍게도 성경은 분노 자체가 악하다고 하지 않습니다. 에베소서 4장 26절을 보십시오.

"분을 내어도 죄를 짓지 말며 해가 지도록 분을 품지 말고."

분을 내어도 죄를 짓지 않는 분노가 있습니다. 이것이 분노가 다른 죄와 구별되는 점입니다. 예수님은 성전 청결 사건 때 진노하셨습니다. 하나님은 금송아지를 만든 이스라엘 백성을 보고 진노하셨습니다. 모세도 마찬가지입니다. 모세는 한술 더 떠서 하나님께 받은 십계명을 산 아래로 던져 깨뜨려 버렸습니다. 물론 예수님과 하나님과 모세가 진노했다고 해서 우리가 진노해도 된다는 말은 아닙니다. 소위 의로운 분노, 필요한 분노가 있다는 것입니다. 성경은 의로운 분노의 유익을 말씀합니다.

하지만 의로운 분노와 죄로서의 분노에는 큰 차이가 있습니다. 바로 분노의 동기입니다. 의로운 분노의 유일한 동기는 '사랑'입니다. 즉 왜곡되지 않은 분노, 죄가 아닌 분노는 사랑의 한 형태입니다. 하나님이 금송아지 사건을 보고 분노하신 이유는 사랑입니다. 우상을 섬기는 그 왜곡된 사랑으로부터 당신의 거룩한 백성을 지키기 위해 진노하신 것입니다. 예수님이 성전을 청결하게 하며 진노하신 이유도 사랑입니다. 하나님 아버지께 기도해야 할 하나님의 백성이 하나님의 집인 성전을 탐욕으로 가득 찬 종교적 시장으로 변질시켰습니다. 하나님의 전은 만민이 기도하는 집이어야 합니다. 예수님은 그 성전의 거룩성을 지키기 위해 진노하신 것입니다.

이처럼 의로운 분노의 진정한 동기는 사랑입니다. 사랑하기에 그 대상을 지키기 위해 진노하는 것입니다. 자녀가 엇나가고 방탕한 길로 갈 때 자녀를 돌이키기 위해 훈육하며 노하는 부모의 동기가 자녀를 위한 사랑이라면, 그것은 분노라 할지라도 사랑의 한 형태가 될 수 있습니다.

하나님께 쓰임 받은 사람들에게는 이 '의롭고 거룩한 분노'가 있었습니다. 다윗이 왜 골리앗에게 분노했습니까? 그가 만군의 여호와 하나님과 그 군대를 모독했기 때문입니다. 도대체 이 할례 받지 않은 블레셋 사람이 뭐기에 살아 계시는 하나님의 군대를 모욕하느냐는 것입니다. 사도 바울도 그랬습니다. 그는 아덴에 갔을 때 그곳에 우상이 가득한 것을 보고 마음에 격분하여 사람들을 붙잡고 진리에 대한 토론을 벌였습니다.

하나님께 마땅히 드려져야 할 영광이 우상에게 돌려졌을 때, 그리스도인은 분노해야 합니다. 정의와 공의가 사라지고 불의와 불공정이 횡행할 때, 그리스도인은 분노할 수 있어야 합니다. 하나님 나라의 정의를 세우려는 참된 동기에서 나오는 의로운 분노는 하나님 나라의 선과 정의를 구현하는 수단이 될 수 있습니다. 이런 분노들은 자신들의 유익과는 무관한 것입니다. 오직 하나님의 영광과 공의를 실현하기 위한 의로운 분노, 즉 '의분'(義憤)입니다. 그래서 분노 자체가 악은 아니며, 그리스도인들에게는 세상과 다른 분노가 있어야 한다는 것입니다.

그리스도인은 하나님과 이웃 때문에 거룩하고도 의로운 분노를 할 수 있어야 합니다. 영국의 윌리엄 윌버포스(William Wilberforce)는 인권을 유린하는 노예 무역 제도를 보고 분노했던 사람입니다. 그 의분이 결국 영국의 노예 제도를 폐지하는 원동력이 되었습니다. 그를 지지하며 응원했던 사람이 감리교 운동을 일으켰던 존 웨슬리(John Wesley)입니다. 존 웨슬리 역시도 하나님의 형상을 짓밟는 노예 제도는 폐지되어야 한다는 편지를 씀으로써 윌버포스를 지지했고, 그를 위해 기도했습니다. 이처럼 의로운 분노는 세상을 변화시키고 하나님 나라를 오게 하는 도구가 될 수 있습니다.

분노는 죄를 짓게 한다

문제는 마땅히 분노해야 할 때 침묵하고, 침묵해야 할 때 분노한다는 것입니다. 의로운 분노와 죄를 짓는 분노를 구분하지 못하기 때문입니다. 인간은 무엇에 마땅히 분노해야 할지 혼동할 뿐만 아니라, 분노에 의해 쉽게 죄를 짓게 되는 경향이 있습니다.

분노는 마치 불과 같습니다. 화를 참는 일이 반복되어 발생하는 우울증의 하나인 '화병'(火病)의 화가 불 '화'(火)자입니다. 집에 불이 있으면 난방을 할 수 있고 음식을 요리할 수 있습니다. 불은 나쁜 것이 아니라 좋은 도구입니다. 그러나 불을 통제하지 못하면 사람과 집을 다 태울 수 있습니다. 그런데 바로 분노가 그렇습니다. 우리는 분노라는 불을 제대로 통제할 만한 훈련을 받아야 하지만 거의 대부분은 그렇지 못합니다.

의로운 분노가 되는 기준은 사랑이라고 했습니다. 그러나 인간의 사랑은 왜곡되고 뒤틀려 있습니다. 가장 사랑해야 할 하나님을 사랑하지 못하고, 덜 사랑해야 할 대상을 가장 사랑합니다. 그래서 히포의 어거스틴(Augustine of Hippo)은 죄를 '무질서한 사랑, 망 가진 사랑'이라고 했습니다. 가장 사랑해야 할 대상은 사랑하지 않고, 두 번째, 세 번째로 사랑해야 할 대상을 가장 사랑하는 것입니다.

인간은 타락하여 자기 자신을 가장 사랑하는 존재가 되었습니다. 그래서 늘 자기 자신이 판단의 기준이고, 자신이 보기에 옳은 대로 판단합니다. 그래서 그 기준에 어긋나면 분노하고, 자기가 인정받지 못하면 화가 나는 것입니다.

가인의 분노

하나님을 믿는 이들조차도 의로운 분노가 아니라 분노로 인해 죄를 짓고 맙니다. 최초의 분노가 가인과 아벨 이야기에 나옵니다. 가인이 예배를 드린 후에 분노하여 안색이 변했습니다.

"가인과 그의 제물은 받지 아니하신지라 가인이 몹시 분하여 안색이 변하니 여호와께서 가인에게 이르시되 네가 분하여 함은 어찌 됨이며 안색이 변함은 어찌 됨이냐"(창 4:5-6).

가인의 제물은 하나님께 받아들여지지 않았습니다. 그러나 아벨의 제사는 받아들여졌습니다. 가인은 이러한 현실을 인정할 수 없었습니다. 자신의 기준에 의하면 이는 불합리하고 불의한 것이었습니다. 앞에서도 말했듯이, 우리는 불의에 분노해야 합니다. 문제는 그 불의가 누구의 기준이냐는 것입니다.

무엇을 기준으로 의롭고, 의롭지 않느냐는 것입니다. 가인에게는 자신의 제물이 받아들여져야 한다는 자신의 기준이 있었습니다. 그런데 거절되었기에 분노한 것입니다. 여기서 예배의 중심이 누구에게 있습니까? 하나님이 아니라 가인, 곧 자기 중심입니다. 교만한 자아에서 분노가 나왔습니다. 교만한 자아에서 아벨에 대한 시기가 나왔습니다. 그래서 교만을 죄의 뿌리라고 보는 것입니다. 분노는 교만의 열매입니다. 자신의 제물이 받아들여지지 않았다면 가인은 스스로에게 물었어야 합니다.

'왜 하나님이 내 예물을 받지 않으셨을까? 내 예배에 문제가 있었구나. 내 자세와 태도에 문제가 있었구나. 내가 예배를 믿음으로 드리지 못했구나. 가장 귀한 것으로 주님께 드리지 못했구나.'

이것이 하나님의 자녀로서 보여야 할 정상적인 반응입니다. 그러나 아담의 원죄로 이미 타락한 인간은 하나님보다 자기 자신을 더 사랑하는 존재가 되고 말았습니다. 그랬기에 가인은 지금 이 현실을 받아들일 수 없는 것입니다.

우리는 언제 화가 납니까? 우리가 마주하고 있는 현실을 받아들이기 어려울 때입니다. 그 현실은 나 자신이 보기에 불합리하고 부조리한 것입니다. 내가 제대로 대우받거나 대접받지 못하고 있는 현실입니다. 물론 실제로 불의한 일이 있습니다. 그래서 의로운 분노가 필요한 것입니다. 그러나 어떤 경우에는 그 분노의 기준이 자기중심인 경우가 있습니다. 자신이 그 현실을 통제하거나 바꿀 수 없다고 느낄 때, 우리의 분노는 폭발합니다.

죄가 가인을 원하고 다스리고 있습니다. 이는 하나님의 경고입니다.

> "네가 선을 행하면 어찌 낯을 들지 못하겠느냐 선을 행하지 아니하면 죄가 문에 엎드려 있느니라 죄가 너를 원하나 너는 죄를 다스릴지니라"(창 4:7).

분노가 그 사람을 사로잡으면 마치 불이 집을 삼키듯이 그 영혼을 삼킵니다. 그래서 에바그리우스는 "분노는 영혼을 가장 어둡게 한다"고 했고, 그레고리우스는 "분노하면 성령이 소멸된다"고 했습니다. 성령이 역사하실 수 없는 상태가 되는 것입니다. 결국 가인은 하나님의 경고를 무시하고 자신의 분노를 폭발시켜 동생인 아벨을 죽이고 맙니다. 인류 최초의 살인은 시기와 질투 그리고 분노가 낳은 사건이었습니다.

요나의 분노

요나는 자신의 조국을 유린한 니느웨가 밉고 싫었습니다. 하지만 하나님은 요나에게 니느웨로 가서 회개의 복음을 전파하

라고 하십니다. 요나는 가기 싫었습니다. 니느웨 사람들은 회
개하여 구원받아서는 안 되고, 심판받고 멸망받아야 한다는
것입니다. 이것이 요나의 생각이요, 판단이었습니다. 그렇다
보니 니느웨를 구원하시려는 하나님의 뜻이 영 마음에 들지
않았습니다. 그래서 그는 니느웨가 아닌 다시스로 갔습니다.

여전히 꽤 많은 한국 사람이 일본 사람들을 용서하지 못하
는 모습을 보면 요나의 행동이 십분 이해가 됩니다. 하지만 결
국 고난을 겪은 뒤 요나는 돌이켜 니느웨로 가서 회개를 외칩
니다. 그리고 하나님의 뜻대로 니느웨 사람들은 회개를 하고
하나님은 그들에게 내리겠다고 말씀하신 재앙을 내리지 않으
십니다. 하나님이 재앙을 내리지 않으시는 것을 보고 요나는
분노가 치밀었습니다.

"요나가 매우 싫어하고 성내며"(욘 4:1).

이때 하나님이 요나에게 물으십니다.

"여호와께서 이르시되 네가 성내는 것이 옳으냐 하시니라"(욘 4:4).

언제 화가 난다고 했습니까? 불의하거나 부조리한 현실을
볼 때입니다. 그 현실을 받아들이기 어려울 때입니다. 바로 그

현실은 우리 자신이 마땅히 어떠해야 한다고 생각하는 그것입니다. 요나에게는 그것이 '니느웨는 악한 나라이므로 마땅히 멸망해야 한다'는 것이었습니다. 얼핏 보면 그것이 정의요, 선입니다. 요나는 지금 그렇게 되지 않아서 분노하고 있는 것입니다. 그러나 현실은 니느웨가 망하기는커녕 회개하여 돌아섰고, 재앙은 임하지 않았습니다. 요나는 공의가 실현되지 않은 현실을 받아들일 수 없었습니다. 분노는 그냥 생기는 것이 아니라 현실에 대한 우리의 반응입니다. 그런데 하나님은 요나에게 물으십니다.

"네가 성내는 것이 옳으냐?"

무슨 말입니까? '네가 불의하다고 판단하는 것이 정말 옳은 기준이냐, 바른 동기에서 비롯된 것이냐, 네가 판단한 것이 정말 맞다고 생각하느냐'는 것입니다. 하나님은 공의의 하나님이기도 하지만 사랑의 하나님이기도 하십니다. 죄를 회개하고 돌이키면 용서하는 분이십니다. 요나는 하나님을 오해하고 있었습니다. 그랬기에 잘못된 현실 인식을 근거로 분노하고 있었던 것입니다. 무엇보다 하나님이 어떠하시든 자신은 싫었던 것입니다.

우리는 우리의 생각과 판단이 얼마나 자주 틀리는지 잘 모릅니다. 인간은 100퍼센트 옳을 수가 없습니다. 그렇기에 날마다 겸손히 배우고 성장해야 합니다. 그럼에도 불구하고 우리는 우리가 옳다고 생각하는 기준에 맞추어 분노하곤 합니다.

엘리압의 분노

앞에서 다윗이 골리앗을 보고 분노했다고 했습니다. 그 분노
는 거룩한 분노요, 의로운 분노였습니다. 그러나 같은 장소에
서 분노한 또 한 사람이 있었습니다. 바로 다윗의 형인 엘리압
입니다. 큰형 엘리압이 다윗을 보더니 화를 냅니다.

> "큰형 엘리압이 다윗이 사람들에게 하는 말을 들은지라 그가 다
> 윗에게 노를 발하여 이르되 네가 어찌하여 이리로 내려왔느냐
> 들에 있는 양들을 누구에게 맡겼느냐 나는 네 교만과 네 마음의
> 완악함을 아노니 네가 전쟁을 구경하러 왔도다"(삼상 17:28).

엘리압은 다윗이 맡겨진 양 떼는 돌보지 않고 전쟁을 구경
하러 왔다고 판단했습니다. 그러면서 다윗이 교만하고 마음이
완악하다며 그의 인격까지 모독을 합니다. 과연 엘리압이 옳
았을까요? 그의 분노는 정당하고 의로운 것이었을까요? 다윗
은 전쟁을 구경하러 온 것이 아닙니다. 아버지 이새의 심부름
으로 전쟁터에 순종하여 온 것입니다. 엘리압이 틀렸습니다.
그는 지금 잘못된 기준으로 분노하고 있는 것입니다.
그런데 단지 그것 때문에 분노한 것은 아닌 것 같습니다. 다

윗이 전쟁을 구경하러 왔다고 해도 그것을 교만하다고 말할 수는 없습니다. 그런데 왜 엘리압은 이렇게까지 분노하는 것일까요? 어떤 사람이 이런 해석을 내놓았습니다. 엘리압은 장남이었지만 왕의 자리를 막냇동생에게 빼앗겼다고 생각했다는 것입니다. 그는 이것을 불의한 일이라고 여긴 것입니다. 일리가 있다고 여겨집니다. 그런 점에서 엘리압의 분노는 키가 크고 잘생겼으며 장남이었음에도 불구하고 왕으로 인정받지 못한 자아의 좌절과 상처에서 온 분노라고 볼 수 있습니다.

그런데 왕은 누가 세웠습니까? 하나님이 세우셨습니다. 하지만 엘리압은 지금 인정하지 않고 있습니다. 즉 분노는 하나님의 통치와 다스림에 대한 거절이요, 반발로서 나온 반응입니다. 엘리압이 생각할 때는 자신이 왕이 되어야 했습니다. 나이로 보나, 외모로 보나, 경험으로 보나 자신이 가장 적합한 왕이었습니다. 그러나 하나님의 기준은 무엇입니까? 외모가 아니라 그 사람의 중심, 곧 동기를 보신다는 것입니다. 아무리 출중하고 능력이 뛰어나며 좋은 평판을 받았더라도, 하나님이 보시는 것은 사람이 보는 것과 다릅니다. 따라서 엘리압의 분노는 하나님의 기준과 판단에 대한 거절이요, 반항입니다. 그것이 전쟁터에서 다윗에게 분노로 표출된 것입니다.

거룩하고 의로운 분노의 바른 동기는 사랑이라고 했습니다. 그러나 우리 인간의 동기는 죄로 인해 뒤틀려 버렸습니다. 자기 자신을 하나님보다 더 사랑합니다. 그래서 많은 분노가 인정받거나 대접받지 못한 자아의 상처로부터 촉발됩니다.

다윗의 분노

사람의 판단력은 죄로 인해 상당히 왜곡되어 있습니다. 남의 허물을 보는 데는 능하지만, 자신의 허물을 보는 데는 눈이 가려져 있습니다. 다윗도 완벽하지 않았습니다. 그가 밧세바와의 간음죄를 지은 다음 아무런 일 없이 시간이 지났습니다. 그러던 어느 날, 나단 선지자가 와서 국정 보고를 합니다. 웬 부자가 가난한 사람의 어린 암양을 빼앗아다가 손님을 대접하려고 잡아먹었다는 것입니다. 다윗이 죄로 인해 눈이 가려지긴 했지만, 그렇다고 선과 악에 대한 기준이 완전히 사라진 것은 아니었습니다. 다윗이 그 이야기를 듣고 분노합니다.

"다윗이 그 사람으로 말미암아 노하여[몹시 분개하면서(새번역)] 나단에게 이르되 여호와의 살아 계심을 두고 맹세하노니 이 일을 행한 그 사람은 마땅히 죽을 자라"(삼하 12:5).

비록 다윗은 회개하지 않고 죄 중에 있었지만, 의로운 분노를 할 줄 알았습니다. 이것이 의로운 분노인 이유는 가난한 이가 부자로부터 재산과 사랑하는 암양을 무력으로 강탈당했기 때문입니다. 분노해야 합니다. 성경은 이런 분노를 죄라고 하지 않습니다. 이런 분노가 불의를 공의로 바꾸는 힘이 되기 때문입니다. 그런데 문제는 그것이 다윗 자신에 대한 이야기였다는 점에 있습니다. 분명 다윗의 분노는 의로운 분노였고, 마땅히 해야 할 분노였습니다. 그러나 문제는 자신도 자신이 분노하고 있는 그 불의 안에 적극적으로 참여했음을 전혀 보지 못하고 있다는 점에 있습니다. 이것이 분노의 함정입니다.

세상에 돌 던질 일이 얼마나 많습니까? 불의하고 부조리한 일이 얼마나 많습니까? 그러다 보니 정의를 외치고 부르짖어야 할 일이 많습니다. 그러나 정의를 외친다고 해서 선지자적 목소리를 높이는 그 자신을 온전히 정의롭다고 착각해서는 안 됩니다. 불의와 부조리를 들추었기 때문에 자신은 그 불의한 일에서 완전히 배제되어 있다고 생각해서는 안 됩니다. 목소리를 낼 수 없는 이들을 대신하여 소리치되 겸손해야 합니다. 왜냐하면 비록 특정 부분에 있어서는 의로움을 내세울 수 있지만, 다른 영역에 있어서는 여전히 악독한 죄인일 수 있기 때문입니다. 자신이 손에 들고 있는 그 돌은 여전히 자신이 맞아야 할 돌일 수 있다는 사실을 알아야 합니다.

분노는 하나님의 의를 이루지 못한다

본문인 야고보서 1장 19절에서는 왜 성내기를 더디 하라고 했을까요? 분노하는 진짜 동기가 무엇인지 자신부터 점검해 보라는 것입니다. 그 분노가 의로운 분노처럼 보이지만 그렇지 않을 수 있기 때문이고, 그 분노의 대상이 자기 자신이 될 수도 있기 때문입니다. 궁극적으로 분노는 불과 같아서 분노가 그 사람의 영혼을 집어삼킬 수도 있습니다. 야고보서 1장 19-20절을 보십시오.

> "내 사랑하는 형제들아 ⋯ 성내기도 더디 하라 사람이 성내는 것
> 이 하나님의 의를 이루지 못함이라."

무슨 말입니까? 성을 낸다는 것은 사실상 하나님이 우리에게 원하고 바라시는 삶을 거절한다는 것입니다. 분노는 현실에 대한 거부이고, 하나님의 섭리와 인도하심에 대한 불신의 표현이기 때문입니다. 그래서 분노는 무엇이 함께 수반될까요?

> "그러므로 모든 더러운 것과 넘치는 악을 내버리고"(약1:21).

더러운 것과 넘치는 악입니다. 입술로 범죄하는 일입니다. 분노는 우리의 영혼만을 파괴하지 않습니다. 우리의 건강을 상하게 합니다. 또한 관계와 가족을 파괴시킵니다.

"노하는 자는 다툼을 일으키고 성내는 자는 범죄함이 많으니라"(잠29:22).

한 가정의 안타까운 이야기를 들었습니다. 자매는 어릴 때부터 아버지로부터 폭언과 폭력을 당하며 자랐습니다. 아버지가 신앙이 없다 보니 엄마와 함께 예배드리는 것도 화를 내고 심지어 성경책도 다 찢어 버렸다고 합니다. 문제는 이 자매가 커서도 아버지의 그런 모습이 바뀌지 않더라는 것입니다. 그러자 이 딸에게 이런 마음이 들었다고 합니다.
'아빠가 빨리 돌아가셨으면 좋겠다.'
아버지의 장례를 기다리는 것입니다. 믿음으로 하나님께 나아가지만, 아버지로부터 받은 폭언과 상처가 치유되지 않은 것입니다.
또 한 경우는, 부모의 잦은 싸움을 보며 자란 남자아이가 있었습니다. 종종 싸움의 불똥이 아이에게 튈 때도 많았습니다. 부모 입장에서는, 어리니까 괜찮은 줄 알았습니다. 하지만 아이 안에는 분노가 가득했습니다. 이 아이가 대학생이 될 나이가 되어서 가출을 했습니다. 문제아가 되고 말았습니다. 아이가 삐뚤어지니까 그제야 부모가 아이에게 관심을 기울입니다. 그러던 어느 날, 아이가 이렇게 소리쳤습니다.
"당신들이 나를 이렇게 만들었어!"

어느 부모가 자녀가 그렇게 되기를 바랐겠습니까? 자녀를 노엽게 한 대가입니다.

부모라고 해서 자녀에게 모든 힘과 권위를 행사할 수 있는 것은 아닙니다. 자녀는 결코 분풀이의 대상이 될 수 없습니다. 성경은 자녀를 노엽게 하지 말라고 말씀합니다. 자녀가 어릴 때는 부모가 자녀보다 힘이 셉니다. 육체적인 힘으로 제압할 수도 있고, 돈의 힘으로, 부모의 권력으로 통제할 수도 있습니다. 그러나 그렇게 자녀를 노엽게 하면, 훗날 자녀가 완고해지고 부모를 거역할 수도 있습니다. 그 결과 노엽게 하고 분노하게 한 열매가 부메랑이 되어 돌아옵니다.

'노하기를 더디 하고, 모든 더러운 것과 넘치는 악을 내버리라'는 말씀이 괜히 있는 것이 아닙니다. 에베소서 4장 27절에 의하면 분노는 '마귀에게 틈을 주는 행위'입니다. 분노하는 순간, 마귀가 그 틈으로 들어올 수 있습니다. 집에서 잠자기 전에 대문을 열어 놓고 자는 행위와 같은 것이 바로 분노입니다. 분노는 우리가 가진 것을 마귀에게 모두 빼앗기게 만듭니다. 통제되지 않는 분노는 가인처럼 살인까지 이어질 수 있습니다. 그러므로 노하기를 더디 하라는 말씀은 우리의 영혼과 가족과 공동체를 파괴하려는 마귀의 계략으로부터 우리를 지키시려는 하나님의 사랑입니다.

분노, 어떻게 싸울 수 있는가

그렇다면 어떻게 분노와 싸워 이길 수 있을까요?

말씀으로 악한 생각에 반론을 제기하며 대적하라

사람들에게서 모욕을 당할 때가 있습니다. 억울한 일입니다. 그러나 그때가 곧 주님께서 우리의 영혼을 시험하시고자 할 때입니다. 에바그리우스가 쓴 《Talking Back》에 보면 그는 그럴 때마다 이 말씀으로 대적하여 이겼다고 합니다.[41]

> "또 다윗이 아비새와 모든 신하들에게 이르되 내 몸에서 난 아들도 내 생명을 해하려 하거든 하물며 이 베냐민 사람이랴 여호와께서 그에게 명령하신 것이니 그가 저주하게 버려두라 혹시 여호와께서 나의 원통함을 감찰하시리니 오늘 그 저주 때문에 여호와께서 선으로 내게 갚아 주시리라 하고"(삼하 16:11-12).

사람들의 그 모욕이 사실에 근거한 것일 수도 있습니다. 그렇다면 합당한 비판입니다. 그러나 진정한 재판관은 하나님이십니다. 그분께서 우리의 원통함을 감찰하실 것입니다. 그분은 아신다는 것입니다. 만일 그 모욕이 억울한 일이라면, 그 저주 때문에 하나님은 오히려 그 저주와 모욕을 선으로 갚아 주실 것이라는 사실입니다. 그러므로 분노할 필요가 없습니다.

보복은 하나님께 맡겨야 합니다. 우리가 하는 일이 아닙니다. 하나님이 다 아십니다.

누군가를 향해 미운 감정, 분노의 감정이 든다면, 그것은 마귀가 넣어 주는 악한 생각입니다. 형제, 자매를 향한 분노가 합당하다며 새로운 계명을 무력화시키려는 악한 생각에는 요한복음 13장 34절로 대적하십시오.

"새 계명을 너희에게 주노니 서로 사랑하라 내가 너희를 사랑한 것같이 너희도 서로 사랑하라."

기억하십시오. 누군가를 향한 분노의 마음은 마귀가 넣어 주는 악한 생각입니다. 분노의 영을 분별하고 말씀으로 대적해야 합니다.

온유함으로 틀릴 수 있음을 인정하라

야고보서 1장 20절은 성내는 것이 하나님의 의를 이루지 못한다고 말씀합니다. 하나님의 계획과 뜻이 있습니다. 그것이 이루어진 상태가 하나님의 의입니다. 하나님과 사람의 관계, 사람과 사람의 관계, 모든 관계가 바로 세워진 상태가 하나님의 의가 이루어진 상태입니다. 그러나 분노는 이 관계를 깨뜨립니다. 왜 분노합니까? 자신이 보기에는 이것이 옳기 때문입니다. 그러므로 자신의 삶에는 이런 일이 벌어져야 한다는 것입니다. 하지만 그렇게 되지 않을 때, 현실이 다를 때 분노하는 것입니다.

나아만 장군의 이야기를 알 것입니다. 엘리사는 사환을 시켜서 그에게 요단 강에서 일곱 번 몸을 씻으면 그의 한센병이 나을 것이라고 했습니다. 그런데 나아만은 화를 냅니다.

"나아만이 노하여 물러가며 이르되 내 생각에는 그가 내게로 나와 서서 그의 하나님 여호와의 이름을 부르고 그의 손을 그 부위 위에 흔들어 나병을 고칠까 하였도다"(왕하 5:11).

그가 왜 화를 냅니까? 자신의 생각대로 일이 안 돌아가서 화가 나는 것입니다. 자신의 생각에는 엘리사가 자기에게로 와서 안수하여 병을 낫게 해야 한다는 것입니다. 왜 그렇게 되어야 합니까? 누가 정한 것입니까? 누구의 기준입니까? 나아만 자신의 기준입니다. 나아만이 살아온 문화와 환경에서 비롯된 판단일 뿐입니다. '내가 옳다'는 생각이 분노의 원인입니다. 여전히 자신이 인생의 주인이 되어 있는 것입니다. 자아가 죽지 않은 것입니다. 만일 나아만이 분노한 채로 돌아갔다면 어떻게 되었을까요? 그는 한센병도 치유 받지 못하고, 하나님도 알지 못했을 것입니다. 이처럼 분노는 우리로부터 생각지도 못한 하나님이 주신 선물들을 받지 못하도록 만드는 무서운 죄입니다.

야고보 사도는 본문 21절에서 '온유함'으로 말씀을 받으라고 했습니다. 분노의 반대말은 절제가 아닙니다. 분노의 반대말은 온유함입니다. 온유함은 통제권을 내어놓는 것입니다. 우리의 삶이 이러저러해야 한다는 통제권을 내어놓은 상태가 온유한 것입니다. 우리에게 분노가 있다면 온유함이 없는 것입니다.

교만한 자가 분노합니다. 교만한 자는 자신의 삶이 어떠해야 한다고 확신하기 때문입니다. 자신의 삶에 어떤 일이 벌어져야 한다고 믿기 때문입니다. 그러다 보니 그 일이 안 벌어지면 화가 납니다. 그것이 교만입니다.

어떤 사람이 교만한지 아닌지는 경청을 보면 압니다. 듣기는 속히 하고 성내기는 더디 하라고 했습니다. 이것이 온유한 자의 특징입니다. 온유한 자는 잘 듣습니다. 말씀도 잘 듣고 다른 이들의 말도 잘 경청합니다. 왜 그럴까요? 자신이 틀릴 수도 있음을 알기 때문입니다. 자신은 다 모르기 때문입니다. 교만한 사람은 듣지 않지만, 온유한 사람은 말씀을 듣습니다. 그래서 온유한 사람은 하나님께서 우리가 생각하던 것과 정반대되는 것을 말씀하실 수 있음을 압니다. 그렇지 않다면 그분은 하나님이 아니라 자신이 만든 우상입니다.

온유함은 자신이 주인이 아니라 하나님이 주인이며 그분이 통치하심을 믿을 때 생기는 성품입니다. 자신이 틀릴 수 있음을 인정하고 그분을 따르는 것입니다. 그럴 때 분노가 사라집니다.

전도사 사역을 시작하고 얼마 되지 않았을 때 제 안에 분노가 있음을 알아차렸습니다. 분노가 있음을 알아차리는 일은 매우 중요합니다. 그래야 분노에 사로잡히지 않을 수 있기 때문입니다. 왜 분노가 있었을까요? 제 생각에는 이것이 옳은데, 그렇게 안 되거나 그렇게 따라오지 않는 사람들로 인해 마음이 쉽지 않았습니다. 제가 이 문제를 어떻게 해결했을까요? 요나에게 물으셨던 그 질문을 주님이 저에게도 물으셨습니다.

"네가 옳으냐?"

그때 저는 제가 틀릴 수도 있다는 것을 인정하기 시작했습니다. 그랬더니 화가 사라졌습니다. 자신이 옳다고만 주장하면 갈등이 생깁니다. 자신이 틀릴 수도 있음을 인정해야 합니다. 그러면 다른 사람의 말이 들리기 시작합니다. 그 사람의 배경과 환경과 그 사람의 이야기가 귀에 들립니다.

우리의 인식은 100퍼센트 완벽하지 않습니다. 우리의 판단이 항상 옳지는 않습니다. 사도 바울조차도 사도행전 16장에 보면 비두니아로 가려고 했습니다. 거기가 하나님의 인도하심이라고 믿었습니다. 그러나 성령께서 허락하지 않으셨습니다. 그래서 어쩔 수 없이 드로아로 갔다가 환상을 보고 마게도냐로 가게 되었습니다. 사도 바울도 그랬는데, 우리가 100퍼센트 정확한 음성을 듣는다는 생각은 교만입니다.

우리는 겸손해야 합니다. 온유해야 합니다. 온유함으로 틀릴 수 있음을 인정하고 우리의 통제권을 주님께 내어 드려야 합니다. 그러면 분노를 이길 수 있습니다.

약속의 말씀을 신뢰하라

"너희 영혼을 능히 구원할 바 마음에 심어진 말씀을 온유함으로 받으라"(약 1:21).

마음에 심어진 말씀은 하나님의 의, 즉 하나님의 계획과 약속입니다. 분노의 근본 원인은 바로 하나님과 그분의 약속을 신뢰하지 못하는 것입니다. 그럴 때 분노가 치밀어 오릅니다. 그러나 약속을 신뢰하면 분노를 이길 수 있습니다.

여기에 대한 좋은 예가 바로 사래입니다. 창세기 16장에 보면 사래가 아브람에게 분통을 터뜨립니다. 16장 1절에 보면 사래가 임신하지 못했다고 했습니다. 그래서 사래는 아브람에게 여종 하갈을 통해 자녀를 얻으라고 제안합니다. 그리고 하갈은 이스마엘을 출산합니다. 문제는 하갈이 아기를 낳지 못한 사래를 멸시한 것입니다. 이때 사래의 분노가 폭발했습니다.

"사래가 아브람에게 이르되 내가 받는 모욕은 당신이 받아야 옳

도다 내가 나의 여종을 당신의 품에 두었거늘 그가 자기의 임신
함을 알고 나를 멸시하니 당신과 나 사이에 여호와께서 판단하
시기를 원하노라"(창 16:5).

누군가가 화를 낼 때는 그 분노 안에 감추어진 갈망과 사랑
이 있습니다. 분노의 진정한 동기는 사랑이라고 했습니다. 사
래에게는 소망하고 바라는 것이 있었는데, 그것은 바로 어미
라는 정체성입니다. 그녀는 가나안까지 약속 하나만을 붙잡고
왔습니다. 큰 나라가 되리라는 것, 민족을 낳는 어미가 되리라
는 약속입니다. 그녀가 그동안 참고 기다려 온 것은 그것 하나
입니다. 그런데 이미 하갈이 아들을 낳았습니다. 그리고 아브
람도 너무 좋아합니다.
'그럼 난 뭐지? 지금까지 난 무엇을 위해 이 고생을 한 거지?'
사래의 분노는 정체성 상실에서 온 것입니다. 남편으로서,
아내로서 존중받지 못할 때, 직장에서 인정받지 못할 때처럼
사람은 자신의 가치와 정체성을 인정받지 못하고 무시당할 때
분노하게 됩니다. 누군가가 화를 낸다면 그 사람의 분노 안에
감추어진 신호를 감지해야 합니다. 그 안에는 그 사람이 잃어
버린 사랑, 잃어버린 정체성 문제가 자리 잡고 있을지도 모르
기 때문입니다. 앞서 이야기했던, 어린 시절부터 딸과 엄마를
학대하며 폭언을 일삼았던 아버지는 왜 분노했을까요? 분명

그 안에는 잃어버린 진정한 사랑, 잃어버린 정체성에 대한 문제가 있을 것입니다. 아픈 것입니다.

분노와 관련된 인상 깊은 이야기가 있습니다. 에티 힐레숨(Etty Hillesum)이라는 유대인 여자 청년의 이야기입니다. 그녀는 1943년 11월, 29세의 나이로 아우슈비츠에서 세상을 떠났습니다. 그녀가 쓴 일기에 보면 독일의 젊은 게슈타포 장교가 그녀에게 소리를 질렀던 적이 있습니다. 그날 그녀는 일기에 이렇게 적었습니다.

나는 그 장교에게 화가 나지 않았다. 오히려 진심 어린 연민을 느꼈고 이렇게 묻고 싶었다. "아주 불행한 어린 시절을 보냈나요? 여자 친구가 당신을 실망하게 한 적이 있나요?"라고 말이다. … 모든 사람은 하나님에게 온전히 바쳐진 처소로 변화되어야 한다. 그러나 비어 있는 집이 너무나 많다. 가장 영광스러운 손님이신 당신을 위해 그 모든 것을 준비하려고 한다. … 그러기에 만일 이 시대, 내 인생의 이 단계에서 나에게 진정한 의무가 있다면, 그것은 쓰고 기록하고 간직하는 것이다.[42]

사람들의 분노는 진정한 사랑이신 주님과 그 사랑을 만나지 못했기 때문이라는 것입니다. 그녀의 이러한 일기가 분노에 사로잡혔던 많은 사람에게 치유를 주었습니다.

창세기에 보면 울분을 토한 '사래'에게 하나님은 약속의 말씀을 주십니다. 여전히 그녀에게 아들이 없을 때입니다. 하나님은 그녀의 이름을 '사라'로 바꾸어 주십니다. 그러면서 그녀에게 복을 주어 여러 민족의 어머니가 되게 할 것이며, 민족의 여러 왕이 그녀에게서 나리라고 약속해 주십니다. 그녀의 울분과 분노, 원통이 변해서 웃음이 됩니다.

우리의 분노는 결국 하나님의 말씀을 신뢰하지 못함에서 옵니다. 그분을 향한 시선을 놓치면 우리는 정체성을 잃어버리게 됩니다. 거기에서 분노가 치밀어 오릅니다. 현실을 부정합니다.

'난 뭐지? 내가 왜 여기에 있지? 내가 무엇을 하고 있지?'

약속을 붙잡지 않고 인간적인 생각을 하면 모든 것이 억울합니다. 그러므로 우리는 다시 말씀 앞에 나와 말씀을 온유함으로 받아야 합니다.

"그러므로 모든 더러운 것과 넘치는 악을 내버리고 너희 영혼을 능히 구원할 바 마음에 심어진 말씀을 온유함으로 받으라"

(약 1:21).

우리 영혼을 능히 구원하는 마음에 심어진 말씀을 온유함으로 받을 때 분노를 이깁니다. 하나님은 우리가 우리 자신을 사랑하는 것보다 우리를 더 사랑하십니다. 그러니 그분을 신뢰하며 인내함으로 기다리십시오. 자신이 틀릴 수 있음을 인정하십시오. 자신의 옳음을 십자가에 못 박으십시오. 통제권을 내려놓고 주님께 드리십시오. 분노가 일 때 서로를 긍휼히 여기고 서로의 이야기를 들어 주십시오. 온전한 사랑이신 하나님께서 우리의 분노의 뿌리를 치유하고 이기게 하실 것입니다.

이 장의 핵심 구절인 야고보서 1장 19-21절을 다시 한 번 읽고 묵상합니다.

1. 이 장에서 성령의 도우심으로 깨닫게 된 부분은 무엇입니까?

2. '분노의 죄'를 각자의 언어로 표현해 보십시오.

3. 분노의 죄는 당신에게 어떠한 형태로, 언제 나타납니까?

4. 분노의 죄와 싸우고 이기기 위해 당신이 믿고 순종해야 할 일은 무엇입니까?

5. 기도 제목을 가지고 함께 기도하십시오.

1. 요나와 엘리압처럼, 스스로 세운 기준에 맞추어 옳고 그름을 판단하고 분노했던 죄를 회개합니다. 마주하는 현실을 부정하며, 가족과 이웃에게 분노하며 하나님의 약속과 인도하심을 신뢰하지 않았던 죄를 회개하오니 용서하여 주소서.

2. 교만을 버리고 온유함으로 주의 말씀을 듣고 받게 하셔서, 하나님의 뜻과 의가 이루어지게 하소서.

3. 분노로 서로 상처를 주고받았던 남편과 아내 사이, 부모와 자녀 사이, 성도와 성도 사이에 용서와 화해가 일어나게 하소서. 그리하여 묶임과 상처가 예수 그리스도의 십자가 보혈의 은혜로 풀어지고 치유되게 하소서.

6

만족함을 잊게 하는 '탐욕의 죄'

베풀수록 채우시는
하나님을 사모하라

"무리 중에 한 사람이 이르되 선생님 내 형을 명하여
유산을 나와 나누게 하소서 하니 … 삼가 모든 탐심을
물리치라 사람의 생명이 그 소유의 넉넉한 데 있지 아
니하니라 하시고 … 하나님은 이르시되 어리석은 자
여 오늘 밤에 네 영혼을 도로 찾으리니 그러면 네 준비
한 것이 누구의 것이 되겠느냐 하셨으니 자기를 위하
여 재물을 쌓아 두고 하나님께 대하여 부요하지 못한
자가 이와 같으니라 … 너희 소유를 팔아 구제하여 낡
아지지 아니하는 배낭을 만들라 곧 하늘에 둔 바 다함
이 없는 보물이니 거기는 도둑도 가까이하는 일이 없
고 좀도 먹는 일이 없느니라"(눅 12:13-21, 33).

코로나 이후, 영혼까지 끌어 모아 대출한다는 '영끌족'이 큰 위기를 맞고 있습니다. 대출한 돈으로 아파트와 집을 산 이들이 대출 금리가 올라서 이자 부담이 훨씬 더 커져 가고 있기 때문입니다. 제가 한국에 와서 놀란 것은 집값이 굉장히 비싸다는 사실입니다. 과연 신혼부부들이, 청년들이 자기 집을 마련할 수 있을까 싶을 정도입니다. 한편으로는 이 틈을 타서 부동산 투자에 올인하는 이들도 있을 것입니다. 자본주의 사회이니 돈이 있다면 땅이나 건물을 사는 일을 과도하게 제한하기는 어렵습니다. 그러나 단지 기본적인 필요를 넘어서서 그것이 욕심에 의한 투기인지, 탐욕인지는 점검해 봐야 합니다.

러시아의 대문호였던 톨스토이(Leo Tolstoy)가 1885년에 쓴 단편소설 중 《사람에게는 얼마만큼의 땅이 필요한가?》라는 작품이 있습니다. 바꿔 말하면, '과연 사람은 얼마나 많은 땅과 건물이 있어야 만족할까?'라고 할 수도 있을 것입니다. 소설에는 시골에 사는 농부인 '파흠'이라는 사람이 등장합니다. 그는 도시에 사는 처형이 자신을 방문했을 때 이런 고백을 합니다.

"우리 농부들은 어릴 때부터 어머니인 대지를 경작하느라 바빠서 허튼 생각이 비집고 들어올 틈이 없어. 한 가지 걱정이 있다면 가진 땅이 좀 적다는 거지. 내게 땅만 많이 있으면 악마도 두렵지 않을 텐데!"[43]

'악마도 두렵지 않다'는 말에 이 말을 듣고 있던 악마가 화가 났습니다. 그래서 악마는 변장을 하고 파흠을 유혹하기로 합니다. 파흠은 바시키르라는 곳에서는 엄청난 넓이의 땅을 고작 1,000루블(약 25,000원)에 살 수 있다는 소문을 듣고 그곳으로 찾아갑니다. 그런데 정말 사실이었습니다. 해가 떠 있는 동안 직접 걸어갔다가 돌아온 만큼의 땅이 1,000루블이었던 것입니다. 파흠은 많은 땅을 얻기 위해 멀리멀리 떠납니다. 자신이 밟은 만큼이 자신의 땅이 되니 얼마나 기분이 좋겠습니까? 그는 아주 먼 곳까지 갔습니다. 그리고 해가 지기 전에 돌아오기 위해서 열심히 뛰었습니다. 심장이 터져라 뛰었습니다. 그리고 마침내 그는 출발한 장소에 도착할 수 있었습니다. 대단하지 않습니까? 그는 수십 킬로미터의 땅을 얻었습니다. 하지만 그는 도착하자마자 피를 토하며 죽고 말았습니다. 너무 먼 길을 빨리 오려다가 심장이 터진 것입니다. 바시키르 사람들은 땅을 파서 파홈을 묻었습니다. 그가 가진 땅은 그의 머리끝에서 발끝까지 고작 2미터 정도밖에 되지 않았습니다.

톨스토이가 말하고자 했던 것은 무엇일까요? 사람이 분수에 맞지 않게 욕심을 내면 오히려 가진 것을 다 잃을 수 있다는 것입니다. 또한 인간이 죽으면 자신이 묻힐 땅 외에는 누릴 수가 없다는 것입니다.

물론 돈이나 땅이나 재산은 이 땅을 살아가는 데 있어 중요한 도구가 됩니다. 돈은 우리가 무엇에 가치를 두는지를 알 수 있는 지표이자 가치 있는 무엇인가를 구매할 수 있는 도구입니다. 그러다 보니 현대인들은 돈이 없으면 거의 생활이 불가능합니다.

물론 돈이 인간을 파괴하기만 하는 것은 아닙니다. 돈을 잘 사용하면 인간을 유익하게 할 수 있습니다. 돈을 가지고 궁핍한 사람들을 위로할 수 있으며, 하나님 나라와 교회, 국가를 위한 선한 일에 귀히 사용할 수도 있습니다. 그래서 사도 바울은 디모데에게 부한 자들을 권면하여 선을 행하고 좋은 일을 많이 하며 아낌 없이 베풀고 나누어 주게 하라고 했던 것입니다(딤전 6:17-18).

하지만 문제는 돈을 사랑하는 마음, 바로 '탐욕'입니다. 인간의 탐욕은 끝이 없기 때문입니다. 인생 역전을 위한 인간의 탐욕을 보십시오. 멈출 줄을 모릅니다. 심지어는 살인까지 이어지기도 합니다. 세상을 떠들썩하게 했던 가평 계곡 살인 사건의 간접적인 살해 동기가 무엇이었습니까? 사망 보험금인 8억

원이었습니다. 탐욕이 죄로, 사망으로 이어지게 한 것입니다.

몇 해 전에 실종되었던 '유나'라는 아이는 결국 부모와 함께 전남 완도 바닷가의 한 차량에서 시신으로 발견되었습니다. 부모가 경제적인 어려움 때문에 딸과 함께 극단적인 선택을 한 것입니다. 경찰 수사에 의하면 아버지의 사업 실패와 더불어 가상 화폐 폭락으로 큰 금전적인 손실을 입은 것이 원인이 된 게 아닌가 추정하고 있습니다. 극단적인 선택을 할 수밖에 없었던 그 가정의 상황이 큰 아픔으로 다가옵니다. 오죽했으면 그랬을까요?

비단 이 가족만이 아니라 수많은 사람이 비천한 현실을 역전시키기 위해 새롭게 떠오르는 가상 화폐에 투자를 했습니다. 왜 그랬을까요? 비트코인이라는 가상 화폐가 나름 성공적으로 자리매김하는 것을 보며 또 다른 새로운 가상 화폐에 사람들이 몰려든 것입니다. 다른 것이 아닙니다. 자신의 부채 상황을 뒤집을 일확천금을 기대하는 것입니다. 그 동기에는 절망을 극복하고자 하는 마음도 있겠지만, 한편으로는 탐욕이 도사리고 있는 것이 아닐까요? 그렇다면 블록체인이라는 기술을 바탕으로 만들어진 가상 화폐가 나쁜 것입니까? 아닙니다. 짧은 기간에 투기를 통해 큰돈을 벌려는 욕심이 문제입니다. 그 욕심이 유혹을 끌어들이고, 그것이 죄가 되고, 그것이 결국에는 사망을 낳는 것입니다.

모든 악의 뿌리, 탐욕

예수님은 본문에서 탐욕을 물리치라고 하셨습니다.

> "그리고 사람들에게 말씀하셨다. '너희는 조심하여, 온갖 탐욕을
> 멀리하여라. 재산이 차고 넘치더라도, 사람의 생명은 거기에 달
> 려 있지 않다'"(눅 12:15, 새번역).

여기서 탐욕은 헬라어로 '플레오넥시아'(πλεονεξια)인데, '플
레오'는 '더 많은'이라는 뜻이고, '넥시아'는 '소유하다'라는 뜻
입니다. 더 많은 것을 욕구하는 것이 탐욕이라는 것입니다. 사
실 인간의 욕구는 하나님이 만드신 선한 것입니다. 하나님은
인간을 무엇인가를 갈망하고 원하도록 지으셨습니다. 문제는
죄로 인해 그 갈망이 왜곡되었다는 사실입니다. 가장 갈망해
야 할 하나님을 갈망하지 않고 돈과 재물, 소유를 최고로 갈망
합니다. 그래서 탐욕은 이렇게 정의할 수 있습니다.

"탐욕은 하나님으로 가장 만족하지 않고 다른 무엇인가를
가장 갈망하는 왜곡된 욕구다."

바로 이 탐욕이 사람의 생명을 끊고 사망을 불러온다는 것
입니다. 여기서 사망은 단지 육신의 사망이 아니라, 바로 영혼
의 사망을 의미합니다. 본문에 등장하는 부자는 재산을 모으
는 데는 열심이었지만 자신의 영혼을 위해서는 아무런 준비가

되어 있지 않았습니다. 그래서 탐욕이 무서운 죄가 되는 것입니다. 특히 돈에 대한 탐욕은 모든 악의 뿌리가 됩니다.

"돈을 사랑함이 일만 악의 뿌리[모든 악의 뿌리, 새번역]가 되나니 이
것을 탐내는 자들은 미혹을 받아 믿음에서 떠나 많은 근심으로
써 자기를 찔렀도다"(딤전 6:10).

탐심은 유혹을 받게 합니다. 어떤 것이 유혹이 되는 이유는 탐심 때문입니다. 탐심이 없으면 유혹이 되지 않습니다. 그리고 그 탐심으로 인한 유혹은 결국 그 사람을 믿음에서 떠나게 합니다. 왜냐하면 탐심은 돈과 재물을 가장 가치 있는 것으로 여기는 것이기 때문입니다. 탐심은 하나님이 계셔야 할 자리에 돈을 앉히는 행위입니다. 탐심은 돈을 예배하는 것입니다. 그런데 예수님은 하나님과 재물을 겸하여 섬길 수 없다고 하셨습니다.

"한 사람이 두 주인을 섬기지 못할 것이니 혹 이를 미워하고 저를
사랑하거나 혹 이를 중히 여기고 저를 경히 여김이라 너희가 하
나님과 재물을 겸하여 섬기지 못하느니라"(마 6:24).

예수님도 따라다니고, 말씀도 매일 듣고, 귀신도 쫓아내고, 전도도 합니다. 이 사람이 예수님을 떠날 수 있을까요? 네, 있

습니다. 가룟 유다가 그랬습니다. 가룟 유다가 왜 예수님을 팔 았습니까? 요한복음 12장 6절에 보면 그는 '도둑'이라고 했습니다. 돈 욕심에 눈이 먼 자였습니다. 그 상황에서 은 삼십을 주겠다는 약속을 듣습니다. 당시 로마 제국 하에 팔레스타인 지역에서 은 삼십은 아마도 데나리온이었을 것으로 추정됩니다.[44] 한 데나리온이 노동자의 하루 품삯이라고 한다면, 유다가받은 돈은 한 달 품삯에 해당되기에 결코 작은 금액은 아닙니다. 하지만 유다의 인생을 바꾸기에는 적은 액수이며, 더군다나 예수님을 팔아넘기고 싶을 정도의 금액도 아닙니다. 하지만 누군가의 마음에 탐욕이 들어가면 그런 분별력은 사라집니다.

유다는 은 삼십에 대한 제안을 받자마자 태도가 달라집니다.

> "내가 예수를 너희에게 넘겨주리니 얼마나 주려느냐 하니 그들
> 이 은 삼십을 달아 주거늘 그가 그때부터 예수를 넘겨줄 기회를
> 찾더라"(마 26:15-16).

유다에게 돈 욕심이 들어간 이후에 예수님을 팔겠다고 한 것입니다. 다른 성경에는 마귀가 팔 생각을 넣었다고 기록되어 있습니다. 탐욕은 마귀에게 집의 대문을 열어 주는 행위입니다. 탐욕을 틈타 마귀가 그 사람을 지배하는 것입니다. 믿음을 떠나도록, 예수님을 팔아먹도록 말입니다.

마귀는 우리를 돈으로 유혹합니다. 마귀가 욥에 대해 참소할 때 뭐라고 했습니까?

"욥이 어찌 까닭 없이[아무것도 바라는 것이 없이, 새번역] 하나님을 경외하리이까"(욥 1:9).

이 말은 이런 뜻입니다.

"하나님이 그에게 집과 소유물을 주고 하는 일마다 잘되게 하시니 하나님을 경외하는 것이 아닙니까? 그의 모든 소유물을 빼앗으면 틀림없이 주를 향하여 욕할 것입니다."

사탄의 이 말은 소위 '빅 데이터'에 근거한 것입니다. 자신이 수천 년을 지켜보니 돈에 넘어가지 않는 사람은 거의 없더라는 것입니다. 그러므로 욥도 예외가 아니라는 뜻입니다. 과연 자신이 가진 소유물, 재산, 풍성함이 사라진다 해도 여전히 주를 찬송한다고 할 수 있는 사람이 얼마나 될까요? 과연 부와 가난의 시험을 통과할 자가 얼마나 될까요? 우리는 우리 자신이 시험을 이기리라 확신해서도, 과신해서도 안 됩니다.

주의해야 할 것은, 누군가의 탐욕스러움을 함부로 정죄해서는 안 된다는 것입니다. 말씀은 언제나 자신을 살피는 기준이 되어야지 누군가를 정죄하거나 판단하는 기준이 되어서는 안 됩니다. 리처드 백스터(Richard Baxter)는 많은 것을 가졌고 부하다고 해서 그자가 탐심을 가졌다고 정죄해서는 결코 안 된다고 이야기합니다.[45] 하나님께서는 모든 사람에게 동일한 재물을 맡겨 주지 않으셨고, 설령 많은 것을 맡았다 하더라도 그 사람에게는 하나님께서 더 많은 것을 요구하시기 때문입니다. 그러면서 백스터는 "주인의 신뢰를 저버리지 않는다면, 다른 이들보다 더 많은 것을 위임받은 것 자체가 죄는 아니다"라고 분명히 분별의 기준을 제시하고 있습니다.[46] 또한 어떤 부한 자들 중에서는 위선을 피하기 위해 사람들이 모르도록 은밀하게 구제하며 자선을 베푸는 자들이 있습니다.[47] 그렇기에 누군가가 부하다고 하여 함부로 비판하거나 판단해서는 안 됩니다.

그럼에도 불구하고 성경의 곳곳에서 탐욕의 유혹이 얼마나 강력한지를 보여 주기에 우리는 내면에 탐심이 스며드는 일에 대해 결코 경계를 늦출 수 없습니다. 한 예로, 여호수아서에 나오는 아간의 이야기를 보십시오. 우리는 여호수아 6장에서 여리고 성의 함락이라는 영광스러운 승리를 봅니다. 어찌 보면 여호수아서 전체에서 가장 극적인 동시에 하나님의 놀라운 섭리를 보여 준 사건입니다. 그러나 가장 영광스러운 그 사건 안에서 냄새나고 더러운 탐욕스러운 사건이 동시에 발생했습니다. 바로 '아간의 탐욕'입니다. 하나님은 여리고 성 전투 이후에 그 성과 그 가운데 있는 모든 것은 여호와께 온전히 바치라고 하셨습니다(수 6:17). 이 말은, 이 전쟁의 승리는 전적으로 하나님 때문이기에 모든 공로를 하나님께 바치라는 것입니다. 조금이라도 사람이 취해서는 안 된다는 의미였습니다. 그런데 아간이 그것을 범한 것입니다. 아간이 탐했던 것은 시날에서 만든 아름다운 외투 한 벌과 은 200세겔과 금 50세겔입니다.

"내가 노략한 물건 중에 시날 산의 아름다운 외투 한 벌과 은 이 백 세겔과 그 무게가 오십 세겔 되는 금덩이 하나를 보고 탐내어 가졌나이다 보소서 이제 그 물건들을 내 장막 가운데 땅 속에 감추었는데 은은 그 밑에 있나이다 하더라"(수 7:21).

그가 왜 탐내게 되었습니까? 보았기 때문입니다. 왜 하와가 선악과를 탐냈습니까? 보았기 때문입니다. 하나님께서 금하신 것은 눈길도 주지 말아야 합니다. 다음 장에서 다루겠지만, 탐욕과 정욕은 대개 '보는 것'에서 옵니다. 그러므로 우리는 보는 눈을 지키고 조심해야 합니다. 눈을 통해 생각을 넘어 마음으로 들어오는 것의 통로를 철저하게 들추어내야 합니다. 그렇지 않으면 무심코 본 것으로 인해 탐심을 품게 되고, 결국 죄가 장성하여 사망을 낳게 됩니다.

"욕심이 잉태한즉 죄를 낳고 죄가 장성한즉 사망을 낳느니라"(약 1:15).

아간은 영광스러운 여리고 성 전투의 승리를 보았습니다. 그러나 동시에 노략한 물건을 보았고 그 마음에 욕심을 품었습니다. 그것이 죄를 낳았고, 죄는 장성했으며, 결국 아간의 탐욕은 아이 성 전투의 패배를 가져왔습니다. 아간은 결국 비참하게 처형을 당합니다. 욕심이 사망이라는 끔찍한 열매를 맺고 말았습니다. 하지만 더 두려운 것은, 아간만 죽지 않고 그의 온 가족과 모든 소유가 함께 아골 골짜기에서 죽임을 당했다는 데에 있습니다. 왜 그렇게까지 해야 할까요? 죄의 전염성, 확산성 때문입니다. 죄는 자신만으로 끝나지 않기 때문입니다.

이와 비슷한 사건을 신약에서 꼽는다면 아나니아와 삽비라 이야기를 들 수 있습니다. 이들 부부는 자신들이 가진 땅을 팔아 교회에 헌금을 했습니다. 어느 누구도 땅 전체를 팔아서 바치라고 하지 않았는데 그들은 그렇게 했습니다. 참으로 귀한 일이 아닐 수 없습니다. 문제는 일부를 감추고 전체를 내놓았다고 한 것에 있었습니다. 일단은 전체를 내놓는 것이 아까웠던 것이고, 또 하나는 그러면서도 땅 전체를 내놓았다는 칭찬을 사람들로부터 받고 싶었던 것 같습니다. 왜냐하면 그 당시 바나바가 땅을 팔아 필요한 교우들에게 나누어 준 일로 인해 초대 교회 안에서는 그에 대한 존경과 함께 그의 명성이 자자했기 때문입니다. 그러나 성령을 속일 수는 없습니다. 베드로는 그들이 성령을 속이고 있음을 알고 호통을 칩니다.

"베드로가 이르되 아나니아야 어찌하여 사탄이 네 마음에 가득
하여 네가 성령을 속이고 땅값 얼마를 감추었느냐"(행 5:3).

사탄이 마음에 가득한 것은 무엇 때문일까요? 탐욕입니다.
이 탐욕은 크게 두 가지로 나눌 수 있는데, 재물에 대한 탐욕과
명예에 대한 탐욕입니다. 재물과 명예에 대한 탐욕으로 인해
사탄이 마음에 가득했던 것입니다. 그리고 그 탐욕은 거짓과
속임 그리고 위증을 낳았습니다. 그 결과, 성령의 책망과 함께
아나니아는 그 자리에서 혼이 떠나 죽고 맙니다. 그리고 삽비
라도 마찬가지 운명을 맞이합니다. 그런데 이상하게도 사도행
전은 이 사건을 이렇게 적으며 마무리합니다.

"온 교회와 이 일을 듣는 사람들이 다 크게 두려워하니라"(행 5:11).

사도행전에서 처음으로 '교회'라는 말이 등장합니다. 교회
라는 말이 왜 이제야 나오는 것일까요? 그것은 이 일이 '교회
란 무엇인가', '교회란 어떠한 곳이어야 하는가'를 보여 주는 중
대한 사건이었다는 뜻입니다. 교회는 탐욕으로 인한 거짓과 속
임 그리고 위증이 침투해서는 안 되는 곳이라는 의미입니다.
탐욕이 거짓과 사기와 위증을 낳았으므로 뿌리가 되는 탐욕을
물리쳐야만 비로소 진정한 교회, 참된 교회가 될 수 있습니다.

그러나 성경을 보면 '하나님의 백성'이라고 했던 이스라엘은 공동체에 탐욕이 침투하는 것을 제대로 막지 못했습니다. 이진희의 《가나안에 거하다》(두란노)라는 책에 보면 사해 근처 유대 광야에 '텔 아라드'라는 곳이 있습니다. 그곳에서 지방 성소가 발굴되었는데, 그곳의 지성소에 가 보면 두 개의 분향단이 있다고 합니다. 하나는 하나님을 위한 것이고, 다른 하나는 여신 아세라를 위한 것입니다. 하나님의 백성이 하나님을 아예 버린 것이 아닙니다. 하나님도 섬기고, 아세라도 섬겼습니다. 아세라는 바알과 함께 풍요의 신, 다산의 신입니다. 바꿔 말하면, 돈의 신을 함께 섬긴 것입니다.

왜 그들이 바벨론이라는 광야로 다시 쫓겨났습니까? 가나안에서 바알이라는 돈의 신을 숭배했기 때문입니다. 바알을 숭배하면 다시 광야로 쫓겨나게 됩니다. 돈을 사랑하면 믿음에서 떠나가게 됩니다. 그래서 하나님은 십계명을 통해 그토록 탐욕에 대한 경고를 하셨던 것입니다. 탐욕은 '나 외에 다른 우상을 두지 말라'는 십계명의 제1계명을 어기는 것입니다. 탐욕은 돈과 재물을 하나님 자리에 두는 죄입니다. 하지만 탐욕이 무서운 이유는 여기에서 그치지 않습니다. 탐욕은 실상 모든 십계명에 대적하는 죄입니다. 그래서 십계명의 마지막 계명이자 결론이 무엇입니까? '네 이웃의 집을 탐내지 말라'는 것입니다. 실상 십계명 전체는 탐욕에 대한 경고라고 해도 과언이 아닙니다.

탐욕이 무서운 이유는, 탐욕은 부자만이 아니라 가난한 자에게도 온다는 사실입니다. 부자들은 자신들의 필요를 자급자족하기에 더 이상 하나님이 필요 없다고 생각할 수 있습니다. 반대로 가난한 자들은 가난하기에 도둑질하고 거짓말하거나 속임으로써 하나님을 모독할 수 있습니다. 조지 맥도날드(George Macdonald)는 이런 말을 했습니다.

> 부자만이 물질의 지배를 받는 것은 아니다. 돈이 없는 것, 돈이 없거나 부족함으로 인해 불행한 사람들 역시 돈의 노예다.[48]

그렇다면 우리가 탐욕에 사로잡혀 있는지 아닌지를 어떻게 알 수 있을까요? 자신이 하루 중에 가장 많이 들여다보고 생각하는 것이 무엇인지를 떠올려 보면 알 수 있습니다. 사람이 가장 갈망하고 원하는 그것이 바로 그 사람입니다. 6세기의 그레고리우스(Gregorius)는 탐욕이 다음의 일곱 가지 자녀를 낳는다고 간파했습니다. 그 일곱 가지는 바로 배신, 사기, 거짓, 위증, 불안, 폭력, 냉담입니다.[49] 이 일곱 가지가 있다면 그것이 탐욕에 사로잡혀 있다는 증거입니다.

한 예로, 가룟 유다가 예수님을 배신한 이유가 무엇입니까? 돈 때문입니다. 왜 우리나라의 핵심 기술을 다른 나라로, 경쟁 회사로 빼돌리는 배신을 할까요? 그 사람에게 연봉을 많이 주겠다고 약속했기 때문입니다. 사기(fraud)는 어떻습니까? 아모스서에 보면 거짓 저울이 등장합니다. 가벼운 물건인데 저울을 조정해서 무겁게 측정되게 해 돈을 더 벌어들입니다. 위증은 어떻습니까? 북 이스라엘의 아합 왕과 이세벨은 그렇게 가진 것이 많으면서도 나봇의 포도원을 원했습니다. 그래서 동원한 것이 위증입니다. 건달 두 명을 동원해서 나봇이 하나님과 왕을 저주했다고 위증하게 합니다. 또한 더 가지지 못할까 봐, 혹은 가진 것을 잃을까 봐 염려한다면 그것들이 탐욕의 증상일 수도 있습니다. 냉담은 어떨까요? 우리 마음이 다른 이들에 대해 냉담하다면? 인색하다면? 하나님은 즐겨 내는 자를 사랑하신다고 했는데 헌금이 부담되지는 않습니까? 구제는 또 어떻습니까?

탐욕은 이웃들의 필요에 무감각해지게 만들고 궁핍한 자들에게 무관심한 자가 되게 합니다. 그것이 부자와 나사로의 이야기입니다(눅 16:19-25). 탐욕과 무관심은 짝으로 간다는 것입니다. 탐욕은 사람을 '비인격화'시킵니다. 그래서 나사로는 이름이 있지만 부자는 '무명'으로 등장합니다. 부자가 무명으로 등장하는 이유는, 그가 평생 타인을 비인격화하여 소외시켰기 때문은 아닐까요? 마틴 부버(Martin Buber)의 표현대로 '나와 너'의 관계가 아니라 '나와 그것'의 관계, 곧 사람을 물건이나 소유로 취급했기 때문은 아닐까요?

부자가 무명인 것은 사람을 대하는 그의 방식이 그 자신의 평생의 정체성이었기 때문이라고 해석할 수도 있습니다. 따라서 만일 우리에게 이러한 일곱 가지 증상이 있다면, 이것은 바로 탐욕에 물들어 있다는 명확한 증거라고 볼 수 있습니다.

탐욕에 속지 말라

본문은 어떤 사람의 요청 때문에 나온 비유입니다. 본문 13절을 보십시오. 무리 중에 한 사람이 예수님께 이런 요청을 합니다.

> "무리 중에 한 사람이 이르되 선생님 내 형을 명하여 유산을 나와 나누게 하소서 하니."

그는 예수님을 따르고 말씀을 듣던 사람입니다. 그런데 형과 유산 분쟁이 있었던 것 같습니다. 당시 율법에 따르면, 장자에게는 두 몫이 주어졌습니다. 형이 유산을 다 가져간 것인지, 혹은 나누었지만 동생에게 더 적게 준 것인지는 알 수 없습니다. 하지만 유산 문제로 형과 다투게 된 것입니다. 그때나 지금이나 유산 때문에 형제들과 가족들이 싸우는 경우가 많습니다.

그런데 예수님은 무엇이 공평한 유산 상속인가를 말씀하지 않으셨습니다. 이상하지 않습니까? 이는 공정한 유산 상속이 중요하지 않다는 뜻이 아닙니다. 아무리 공정해도 탐욕이 있으면 결국 사망을 낳는다는 것입니다. 그래서 그 탐심, 탐욕을 주의하라는 것입니다. 예수님은 유산을 나누게 해 달라는 요청에 뭐라고 말씀하십니까?

"그리고 사람들에게 말씀하셨다. '너희는 조심하여, 온갖 탐욕을 멀리하여라. 재산이 차고 넘치더라도, 사람의 생명은 거기에 달려 있지 않다'"(눅 12:15, 새번역).

예수님은 유산 분할을 요청한 남자 안에 탐욕, 탐심이 있다고 보셨습니다. 만일 형이 유산을 안 주면 동생이 형을 죽일 수도 있겠다는 것입니다. 여기서 말하는 사람의 '생명'은 단지 육신의 생명이 아닙니다. 이 생명은 헬라어로 '조에'(ζωή)라 하는데 보통은 '영원한 생명', '영생'으로 번역합니다. 마태복음 7장 14절에서 '생명으로 이끄는 문은 좁다'고 할 때의 생명이 바로 '조에'입니다. 오히려 재산에 대한 탐욕이 그 사람의 '조에', 곧 영생을 앗아 갈 수 있다는 것입니다.

그 이유를 설명하기 위해 예수님은 한 부자의 비유를 말씀하십니다. 그 이유는, 탐욕이 사람을 속이기 때문입니다. 다시 말해, 부나 재물은 사람에게 평안할 것이고 안전할 것이라고 속입니다. 이 부자도 그랬습니다. 물론 그는 열심히 일했습니다. 부자가 속았다는 그 어떤 증거도 없습니다. 문제는 자신이 쌓아 둔 부가 자신을 지켜 줄 줄 알았다는 데 있습니다. 재산이 많으니 마음이 평온한 것입니다. 이 부자의 평안의 근거는 많은 소출이요, 재산이었습니다.

"또 내가 내 영혼에게 이르되 영혼아 여러 해 쓸 물건을 많이 쌓아두었으니 평안히 쉬고 먹고 마시고 즐거워하자 하리라 하되"(눅 12:19).

사람은 두 주인을 섬길 수 없다고 했습니다. 우리가 평안을 얻는 근거가 바로 섬기는 주인이요, 신입니다. 어떤 사람이 아무리 주님을 따른다 해도 그의 평강의 근원이 재산이라면, 그 사람은 제자가 아닙니다. 그래서 성경은 유산 상속을 요청한 사람을 '무리 중에 한 사람'이라고 했습니다. 그러나 22절에 가면 성경은 '제자들'을 언급합니다. 명확하게 군중(무리)과 제자를 구분합니다. 군중은 누구입니까? 겉으로는 예수님을 따라 다니며 말씀도 듣지만, 실상은 그 평강의 근원을 돈이나 다른 무엇에 두는 자들입니다. 그런데 탐욕은 속인다고 했습니다. 이 무리는 자신들이 예수님을 따르고 있다고 착각하고 있습니다. 예수님은 이 무리가 부자와 다를 바가 없음을 지적하신 것입니다. 부자의 관심은 오로지 자신이었습니다.

"내가 곡식 쌓아 둘 곳이 없으니 어찌할까 하고 또 이르되 내가 이렇게 하리라 내 곳간을 헐고 더 크게 짓고 내 모든 곡식과 물건을 거기 쌓아 두리라”(눅 12:17-18).

그는 오로지 '내 곡식', '내 곳간', '내 모든 물건'에만 빠져 있습니다. 그것을 주신 하나님에 대해서는 전혀 관심이 없습니다. 하나님은 이런 그에게 '어리석은 자'라고 하십니다. 그가 어리석은 이유는, 그의 소유가 어디로부터 비롯되었는지를 모르기 때문입니다. 아무리 그가 밭을 개간하고 씨를 뿌린다고 한들, 이른 비와 늦은 비가 내리지 않으면 무슨 열매가 있겠습니까? 메뚜기 떼가 다 와서 먹어 버리면 어찌 추수할 수 있겠습니까? 이 부자는 소유의 근원이 누구이신지를 몰랐습니다. 또한 소유는 영원할 수 없으며 그의 영혼을 지킬 수 없다는 것을 몰랐습니다. 그는 자신의 소유로 보화를 쌓고 하나님께 대하여 부요해질 수 있는 길을 몰랐다는 점에서 어리석은 자였습니다. 결국 하나님은 당신이 오늘 밤 그 영혼을 찾으시면 준비한 것이 누구의 것이 되겠느냐고 물으십니다.

"자기를 위하여 재물을 쌓아 두고 하나님께 대하여 부요하지 못
한 자가 이와 같으니라”(눅 12:21).

예수님은 유산을 요구하는 동생에게 탐욕의 위험성을 가르치고 싶으셨던 것 같습니다. 그에게는 아직 탐욕으로 인한 사망의

덫으로부터 살아남을 수 있는 기회가 있다고 보신 것입니다. 그렇다면 왜 예수님은 유산을 혼자 다 가져간 형에 대해서는 말씀하지 않으셨을까요? 정확한 이유는 알 수 없지만, 그 형이 그 자리에 없었기 때문이거나, 그가 이미 탐욕에 완전히 지배를 당했기 때문일지도 모릅니다. 돈과 재물의 우상은 결국 '나'를 위한 것입니다.

> "너를 위하여 새긴 우상을 만들지 말고 또 위로 하늘에 있는 것이나 아래로 땅에 있는 것이나 땅 아래 물속에 있는 것의 어떤 형상도 만들지 말며"(출 20:4).

흥미롭게도 '우상'을 뜻하는 히브리어 단어의 복수형에서 모음 하나를 빼면 전도서의 '헛됨'이라는 뜻이 됩니다. 무슨 말입니까? 우상은 가짜 신이라기보다 거짓, 사라지는 연기, 아무것도 아닌 헛된 것이라는 사실입니다. 성경은 탐심을 우상 숭배라고 말씀합니다.

> "그러므로 땅에 있는 지체를 죽이라 곧 음란과 부정과 사욕과 악한 정욕과 탐심이니 탐심은 우상 숭배니라 이것들로 말미암아 하나님의 진노가 임하느니라"(골 3:5-6).

탐욕, 어떻게 싸울 수 있는가

그렇다면 어떻게 이 탐욕, 혹은 탐심과 싸워 이길 수 있을까요? 이것은 평생 싸워야 할 유혹입니다. 그러나 하나님은 우리에게 이미 이길 수 있는 방법을 알려 주셨습니다.

더 큰 보화를 보고 갈망하라

탐욕을 이기는 길은 욕망을 꺾는 것이 아닙니다. 더 큰 보화와 영원한 가치를 갈망함으로 이길 수 있습니다. 1억 원은 큰돈입니다. 그러나 1조 원에 비하면 아무것도 아닙니다. 둘 중에 하나를 택하라고 한다면 1억 원에 미련을 둘 사람은 아무도 없을 것입니다. 우리가 왜 탐욕에 빠집니까? 더 큰 보화를 보지 못했기 때문입니다. 에서가 세속적인 사람이 된 이유는 믿음의 결핍 때문입니다. 에서는 다른 세상을 보지 못했습니다. 눈에 보이는 세상이 전부였습니다. 그 결과 그는 눈에 보이는 팥죽에 눈이 멀어 장자의 권리를 넘겨 버렸습니다.

이와 반대의 경우도 있습니다. 마태복음 13장에 보면 자기의 소유를 다 판 사람이 나옵니다. 어떻게 자신의 소유를 다 팔수 있습니까? 무엇을 위해 팔았습니까? 밭에 감추어진 보화를 보았기 때문입니다. 자기가 가진 소유를 다 팔아 보화를 살 수있다면 엄청나게 남는 장사입니다. 그것이 천국이라는 것입니다. 하나님 나라는 마치 감추어진 보화와 같습니다. 그것을 본 사람은 이 땅에 있는 자신의 소유에 미련이 없습니다.

행하는 것은 어렵지 않습니다. 더 큰 가치를 보면 행할 수 있습니다. 결국 보는 눈의 문제입니다. 본 것이 물질밖에 없기에 우리는 너무나 쉽게 형편없는 것, 사라질 것에 시선을 빼앗기는 것입니다.

C. S. 루이스는 그의 책 《영광의 무게》에서 우리의 갈망이 너무 낮다고 지적합니다.

> 복음서가 당당하게 약속하는 보상, 엄청난 보상을 생각한다면, 우리 주님은 우리의 갈망이 너무 강하기는커녕 너무 약하다고 말씀하실 것이다. 주님이 무한한 기쁨을 주신다고 해도 우리는 그저 술과 쾌락과 야망에만 집착하는 냉담한 피조물이다. 마치 멋진 해변에서 휴일을 보내자고 말해도 그게 무엇인지 몰라 그저 빈민가 한 구석에서 진흙 파이나 만들며 놀려고 하는 철없는 아이처럼 말이다. 우리는 너무 쉽게 만족한다.[50]

리처드 백스터도 《탐심, 세상과 부에 대한 사랑》(생명의말씀사 역간)이라는 그의 책에서 어떻게 탐심에 맞설 것인가에 대한 방법의 첫 번째로서 '하늘의 위대함을 생각하라'고 강권합니다. 하늘의 위대함을 생각하는 것은 곧 하나님 나라를 바라보는 것입니다.

> 만일 누군가 천국과 지옥을 딱 한번이라도 보았다면 이전보다 이 세상을 대수롭지 않게 여길 것입니다. 그리고 탐욕을 위해 쓰던 신경과

노력을 황급히 방향을 바꾸어 성실하게 자신의 구원을 위해 쏟아 붓게 될 것입니다. 만약 그가 성도들의 기쁨 넘치는 찬양소리를 들었다면, 그리고 심판 받는 이들의 진노로 슬퍼하는 부르짖음을 하루나 한 시간이라도 들었다면, 그 후로는 돈을 긁어모아 쌓아두는 것보다 훨씬 더 중대한 일이 있다고 생각하게 될 것입니다. 여러분 기억하십시오. 우리에게는 장차 살게 될 다른 세계가 있습니다. 지금부터 준비해야 하는 훨씬 더 긴 삶이 있습니다. 그곳이 천국이든 지옥이든, 우리는 반드시 그 세계에 거하게 될 것입니다. 여러분이 믿든지 말든지 이는 사실입니다. 이를 위해 준비할 시간은 지금 말고는 없습니다.[51]

탐심을 이기는 길은 욕망을 꺾는 것이 아니라, 더 큰 보화를 갈망하며 영원한 하나님 나라를 매일, 매 순간 바라보는 것입니다.

주님이 온전한 공급자이심을 신뢰하라

탐욕은 결국 '채워 주심'에 대한 하나님의 약속을 믿지 못함에서 오는 것입니다.

"돈을 사랑함이 없이 살아야 하고, 지금 가지고 있는 것으로 만족해야 합니다. 주님께서 친히 말씀하시기를 '내가 결코 너를 떠나지도 않고, 버리지도 않겠다' 하셨습니다"(히 13:5, 새번역).

"정함이 없는 재물에 소망을 두지 말고 오직 우리에게 모든 것을 후히 주사 누리게 하시는 하나님께 두며"(딤전 6:17).

하나님은 어떤 분이십니까? 후히 주사 누리게 하시는 분입니다. 주님은 우리의 형편을 다 아십니다. 화려하고 사치스럽게 살게 하거나 원하는 모든 것을 다 주시지는 않을지라도, 우리의 모든 필요를 채워 주시는 분입니다. 그래서 바울은 오직 그리스도만을 붙잡았습니다. 그분이 전부이시기 때문입니다. 사도 바울은 그리스도를 가장 귀한 것으로 보았습니다. 그리하여 다른 것은 배설물로 여겼습니다. 왜 그랬습니까? 그리스도를 얻기 위함입니다. 그분이 가장 귀한 보화이시기 때문입니다. 그분을 붙잡으려고 아직 잡은 줄로 여기지 아니하고 뒤에 있는 것은 잊어버린 채 푯대를 향하여 부름의 상을 위해 달려간다고 했습니다. 그러면서 "너희는 나를 본받으라!"고 말합니다.

그분을 얻는다면 전부를 얻는 것이고, 그분을 잃으면 다 잃는 것입니다. 그분이 그의 삶의 유일한 공급자였습니다. 그의 고백을 들어 보십시오.

"근심하는 자 같으나 항상 기뻐하고 가난한 자 같으나 많은 사람을 부요하게 하고 아무것도 없는 자 같으나 모든 것을 가진 자로다"(고후 6:10).

저희 가정은 2009년에 생활비 전부를 드리라는 하나님의 음성을 들었습니다. 처음에는 몸이 부들부들 떨리고, '이것은 하나님의 음성이 아닐 거야'라고도 생각했었습니다. 그러나 기도하면서 분별하는 가운데 하나님께서 온전한 순종을 원하고 계심을 알았습니다. 그해에 재정의 훈련, 하나님의 공급하심에 대한 훈련을 받았습니다. 그 이후로도 여러 차례 하나님의 공급하심에 대한 훈련과 테스트를 받았습니다. 그때마다 하나님께서 물으셨습니다. "내가 너의 공급자임을 정말 믿느냐? 나를 신뢰하느냐? 네가 이런저런 손을 쓰지 않아도 내가 채워 줄 것을 믿느냐?"

눈에 보이는 조건이나 의지할 만한 상황은 전혀 없었습니다. 그런데 놀랍게도 순종할 때마다 하나님은 저의 생각을 뛰어넘어 채워 주셨습니다. 그 이후로 지금까지 약 15년이 흘렀습니다. 제가 드린 것에 비하면 하나님이 베풀어 주신 것은 수십 배, 거의 백배에 이릅니다. 이 말이 하나님께 드리면 하나님께서 반드시 백배로 갚아 주신다는 말은 아닙니다. 우리가 가진 모든 것은 하나님으로부터 온 것이기에 마땅히 하나님께 되돌려 드릴 수 있어야 한다는 것입니다. 그렇게 한다면, 하나님은 그 마음의 중심을 기쁘게 받으십니다. 사실 탐심이 들면 절대로 드릴 수 없습니다. 그런데 주님은 당신을 시험해 보라고 하셨습니다. 하나님이 공급자이신지 아닌지를 시험해 보라는 것입니다. 주님은 우리를 결코 떠나지 않고 버리지도 않겠다고 하셨습니다. 지난 15년은 그 삶에 대한 확증의 시간이었습니다.

탐욕은 채워 주심에 대한 하나님의 약속을 믿지 못함에서 옵니다. 반대로 그것을 믿는다면, 탐욕을 이길 수 있습니다.

베풂을 통해 탐욕을 이기라

탐욕을 이기라는 것은 돈을 멀리하라는 말이 아닙니다. 돈과 재물은 선한 일에 쓰여야 할 종입니다. 그래서 사도 바울은 디모데에게 부한 성도들에게 이렇게 가르치라고 이야기합니다.

> "네가 이 세대에서 부한 자들을 명하여 마음을 높이지 말고 … 선을 행하고 선한 사업을 많이 하고 나누어 주기를 좋아하며 너그러운 자가 되게 하라 이것이 장래에 자기를 위하여 좋은 터를 쌓아 참된 생명을 취하는 것이니라"(딤전 6:17-19).

부가 있다면 탐심을 부려 계속 모으려고만 하지 말고, 선을 행하고 선한 사업을 많이 하고 나누어 주기를 좋아하며 너그러운 자가 되라는 것입니다. 그러면서 이것이 장래에 터를 쌓아 생명(조에)을 취하는 것이 된다고 이야기합니다. 놀랍게도 이 말씀은, 돈의 힘, 탐심을 꺾기 원한다면 베풂을 통해 돈을 하나님의 은혜의 법칙에 맡겨 드리라는 것입니다. 하나님은 베푸는 곳에 더욱 부어 주십니다. 탐심이 든다면, 오히려 나누십시오.

제가 섬기고 있는 교회가 참 자랑스러운 이유는, 계속해서 선교와 구제를 위해 재정을 흘려보내고 있다는 사실입니다. 보내면 보낼수록 없어져야 하는데 이상하게 재정이 줄어들지 않습니다. 왜 그렇습니까? 계속 흘려보내기에 그렇습니다. 하나님은 더 베풀고 더 나눌 수 있는 힘을 주십니다. 이 재정은 우리만을 위해 쓰라고 주신 것이 아니기 때문입니다.

2011년 이후 지금까지 열 개가 넘는 분립 개척 교회를 세웠습니다. 그리고 파송 선교사들을 보냈습니다. 그것이 또한 이 교회를 살게 한 것입니다. 앞으로도 교회 개척은 계속될 것입니다. 건강한 작은 교회들을 더 많이 세울 것입니다. 우리는 모였다면 또한 흩어져야 합니다. 지역으로, 나라로, 북한으로, 열방으로 흩어져야 합니다. 그것이 우리가 탐욕을 이기는 길입니다.

"너희 소유를 팔아 구제하여 낡아지지 아니하는 배낭을 만들라 곧 하늘에 둔 바 다함이 없는 보물이니 거기는 도둑도 가까이하는 일이 없고 좀도 먹는 일이 없느니라"(눅 12:33).

주님은 우리의 소유를 팔아 구제하라고 하셨습니다. 그것은 하늘에 쌓는 보물입니다. 원금 보장 100퍼센트, 아니 그 이상, 돈으로는 환산할 수 없는 영원한 가치를 보장합니다. 선교와 구제를 통해 하늘에 쌓으십시오. 그것이 영원히 남는 투자입니다.

이 장의 핵심 구절인 누가복음 12장 13-21, 33절을 다시 한 번 읽고 묵상합니다.

1. 이 장에서 성령의 도우심으로 깨닫게 된 부분은 무엇입니까?

2. '탐욕의 죄'를 각자의 언어로 표현해 보십시오.

3. 탐욕의 죄는 당신에게 어떠한 형태로, 언제 나타납니까?

4. 탐욕의 죄와 싸우고 이기기 위해 당신이 믿고 순종해야 할 일은 무 엇입니까?

5. 기도 제목을 가지고 함께 기도하십시오.

1. 돈을 사랑해서 하나님과 재물을 겸하여 섬기려 했던 탐욕스러운 우리를 긍휼히 여겨 주시고, 우리의 탐욕의 죄를 용서해 주소서.

2. 주님, 우리의 갈망이 너무 강한 것이 아니라 너무 약한 데에 있었습니다. 유일한 보화이신 그리스도, 더 큰 보화인 천국을 바라보며 주님과 영원한 당신의 나라를 더욱 탐내고 갈망하게 하소서.

3. 주님이 유일한 공급자이심을 신뢰하게 하시고, 더 많이 베풀고 구제하며 나누어 하늘에 보물을 쌓게 하시고, 베풂으로 탐욕을 이기게 하소서.

7

참사랑의 근원이신
예수님께 달려가라

"하나님의 뜻은 이것이니 너희의 거룩함이라 곧 음란
을 버리고 각각 거룩함과 존귀함으로 자기의 아내 대
할 줄을 알고 하나님을 모르는 이방인과 같이 색욕을
따르지 말고"(살전 4:3-5).

"주인이 그의 소유를 다 요셉의 손에 위탁하고 자기가
먹는 음식 외에는 간섭하지 아니하였더라 요셉은 용모
가 빼어나고 아름다웠더라 그 후에 그의 주인의 아내가
요셉에게 눈짓하다가 동침하기를 청하니 요셉이 거절
하며 자기 주인의 아내에게 이르되 내 주인이 집안의 모
든 소유를 간섭하지 아니하고 다 내 손에 위탁하였으니
이 집에는 나보다 큰 이가 없으며 주인이 아무것도 내게
금하지 아니하였어도 금한 것은 당신뿐이니 당신은 그
의 아내임이라 그런즉 내가 어찌 이 큰 악을 행하여 하
나님께 죄를 지으리이까 여인이 날마다 요셉에게 청하
였으나 요셉이 듣지 아니하여 동침하지 아니할 뿐더러
함께 있지도 아니하니라 그러할 때에 요셉이 그의 일을
하러 그 집에 들어갔더니 그 집 사람들은 하나도 거기
에 없었더라 그 여인이 그의 옷을 잡고 이르되 나와 동
침하자 그러나 요셉이 자기의 옷을 그 여인의 손에 버
려두고 밖으로 나가매"(창 39:6-12).

성경은 정욕 혹은 음욕의 문제를 결코 전쟁이나 전염병의 이슈보다 덜 위험하거나 덜 중요하다고 말하지 않습니다. 아니, 더 심각한 문제라고 말씀합니다. 정욕과 음욕은 우리의 육신만이 아니라 영혼까지도 파멸시킬 수 있는 것이기 때문입니다. 그래서 성경은 음란을 버릴 것을 분명히 말씀합니다. 본문인 데살로니가전서 4장 3절을 보십시오.

"하나님의 뜻은 이것이니 너희의 거룩함이라 곧 음란을 버리고."

마태복음 5장에서 예수님은 십계명 중의 제7계명을 언급하면서 간음하지 말 것을 말씀하십니다. 그러면서 그 간음이 주는 영적인 파급력을 이렇게 말씀하셨습니다.

"만일 네 오른 눈이 너로 실족하게 하거든 빼어 내버리라 네 백체

중 하나가 없어지고 온몸이 지옥에 던져지지 않는 것이 유익하
며"(마5:29).

누군가를 보고 음욕을 품는 것으로 인해 온몸이 지옥에 던
져질 수 있다는 충격적인 말씀입니다. 정말 주님께서 음욕을
품게 하는 눈을 빼 버리라고 하신 말씀이었을까요? 아닙니다.
음욕을 품는 것이 얼마나 치명적인 결과를 가져오는지를 강조
하신 것입니다. 그러나 실상 우리는 정욕과 음욕을 그다지 심
각한 죄로 여기지 않는 시대에 살고 있습니다.
　레위기 18장에서 하나님은 애굽과 가나안 땅의 풍속을 따르
지 말라고 말씀하십니다. 애굽과 가나안의 풍속에는 간음이라
는 개념이 없었다고 합니다. 간음이란 부부가 아닌 자들 사이
의 성관계를 말하는 것인데, 그것이 왜 안 되느냐는 것입니다.
왜 결혼한 부부라는 제한을 두느냐는 것입니다. 그런데 레위
기 18장을 가만히 읽다 보면 애굽과 가나안의 풍속이 오늘날
이 세상의 풍속과 같습니다. 이제는 동성애도 인정하는 시대
로 가고 있습니다.
　미국의 진보적인 교단의 일부 목회자들은 레위기 18장 22절
의 동성애 금지 구절을 이렇게 해석합니다. 그것은 고대 중동
의 법이었고, 오늘날 시대에는 폐기해야 할 구절이라는 것입
니다. 그러면서 주장하는 것이, 그것은 마치 노예 제도를 지지

하다가 폐기한 것처럼, 동성애 금지 조항도 이제는 폐기되어야 하는 옛 유물이라는 것입니다. 22절의 동성애가 맞는다면 23절의 수간도 허용해야 하는 것일까요? 앞선 21절의 인신 제물도 허용해야 하지 않을까요? 왜 22절만 딱 골라서 동성애만 된다고 하는 것일까요? 노예 제도는 그것이 하나님이 원하시지 않는 죄임을 깨달았기에 폐기시킨 것입니다. 그러나 동성애는 죄라고 규정한 것을 죄가 아니라고 하는 것입니다. 노예 제도와는 다른 경우입니다. 그럼에도 불구하고 이 주장을 받아들여서 많은 교회와 목회자들이 동성애 합법화를 찬성하고 목사 안수와 결혼 주례를 해 줍니다. 이것이 '진보'라고 주장합니다.

무엇이 진보입니까? 진보와 퇴보라는 말을 쓰려면 기준이 있어야 합니다. 우리가 시계 방향을 아는 것은 어느 것이 시계 방향인지에 대한 기준이 정해져 있기 때문입니다. 그렇다면 동성애가 진보인지 퇴보인지에 대한 기준은 무엇입니까? 흥미로운 점은, 신을 인정하지 않는 무신론자들은 거의 진화론을 주장합니다. 그들에게 인간은 우연히 생겨나게 된 존재입니다. 거기에는 법칙과 기준이 없습니다. 신이 없기 때문입니다. 그런데 갑자기 이런 문제를 들고 나오면 기준을 제시합니다. 동성애가 옳는다는 기준을 들고 나옵니다. 그것도 사랑이라는 기준을 들고 나옵니다. 어디서 나온 기준입니까?

우리에게는 분명한 기준이 있습니다. 바로 하나님과 그분의 성품인 말씀입니다. 하나님은 성(sex)을 창조하고 그 기준을 정하셨습니다. 성욕(sexual desire)은 인간에게 자연스러운 것이고, 성생활(sexuality)은 결혼 안에서 남자와 여자가 한 몸 된 부부에게 주어진 선물입니다. 부부 밖에서 일어나는 모든 관계는 간음입니다. 이것이 기준입니다. 여기에 가까워지면 진보이고, 여기에서 멀어지면 퇴보입니다.

C. S. 루이스는 그의 책《순전한 기독교》에서 진보에 대해 이런 말을 합니다.

> 우리는 모두 진보를 원합니다. 그러나 진보한다는 것은 우리가 가고자 하는 그곳에 점점 더 가까이 간다는 뜻입니다. 방향을 잘못 잡으면 아무리 앞으로 나아가도 원하는 곳에 다가갈 수 없습니다. 잘못된 길로 접어들었을 때에는 그 자리에서 돌이켜 올바른 길로 되돌아가는 것이 진보입니다. 그러니까 그 경우에는 가장 먼저 되돌아가는 사람이 가장 진보적인 사람인 셈이지요.[52]

동성애나 간음은 진보가 아니라 퇴보입니다. 우리가 가고자하는 기준, 인간이 본래 지음 받은 기준에서 점점 멀어지기 때문입니다.

간음과 동성애, 정욕의 문제는 단지 성적인 문제가 아닙니다. 잘못된 성적 욕망, 정욕은 단지 육적인 문제가 아니라 영적인 문제입니다. 예수님은 돈을 단지 물질적인 문제가 아니라 맘몬, 돈의 신이라고 하면서 영적인 문제라고 하셨습니다. 마찬가지로 성경의 간음에 대한 관점은 바로 그것을 영적인 문제라고 보는 것입니다. 그래서 사실상 성경에서 음행, 간음을 말할 때는 단지 육체적인 간음보다는 영적인 간음, 우상 숭배를 가리킬 때가 더 많습니다. 누군가가 육체적인 간음을 한다는 것은 영적인 간음과 연결되어 있다는 뜻입니다. 또한 육체적인 간음은 하지 않아도 영적으로는 간음할 수 있습니다. 하나님보다 다른 우상을 더 사랑하는 것입니다. 쾌락이나 돈이나 권력, 힘 있는 나라 말입니다. 그래서 에스겔 23장에서 하나님은 북 이스라엘과 남 유다가 어떻게 음행했는지를 두 자매로 비유하여 이렇게 말씀하셨습니다.

"그들의 이름은, 언니는 오홀라요, 동생은 오홀리바다. 그들은 내 사람이 되어, 나와의 사이에서 아들딸을 낳았다. 그들을 좀 더 밝히자면, 오홀라는 사마리아이고, 오홀리바는 예루살렘이다. 그런데 오홀라는 나에게 속한 여인이었으면서도, 이웃에 있는 앗시리아의 연인들에게 홀려서 음행하였다 … 그의 동생 오홀리바는 이것을 보고서도, 자기 언니의 음란한 행실보다 더 음란하여, 자기 언니보다 더 많이 홀리고 타락하였다"(겔 23:4-5, 11, 새번역).

성경이 음행을 말할 때는 단지 육체적인 음행만이 아닙니다. 많은 경우 영적인 간음을 말하는 것입니다. 그래서 요한계시록에 가면 땅의 임금들과 땅에 사는 이들이 음행의 포도주에 취했다고 말씀합니다.

"땅의 임금들도 그와 더불어 음행하였고 땅에 사는 자들도 그 음행의 포도주에 취하였다 하고"(계 17:2).

음녀에 의해 음행에 취한 이들이 대부분이라는 것입니다. 여기서의 음행도 역시 단지 성적인 음행이 아니라, 예수님보다 다른 무엇을 더 사랑하는 것을 말합니다. 그것이 음행의 포도주에 취한 것입니다. 그러나 그렇지 않은 이들이 있었습니다. 그들은 바로 그리스도의 정결한 신부들입니다. 그래서 성경은 육신의 정욕에 따라 사는 것은 곧 영적인 간음과 연결되어 있다고 말씀합니다.

오늘날 세상에서 간음과 음행을 말해 주는 곳이 교회 말고는 거의 없습니다. 그런 점에서 세상이 어떠한 곳이며 세상의 본질이 무엇인지 교회를 통하지 않고서는 알 수가 없습니다. 교회만이 세상의 본질, 세상의 처음과 나중을 알려 주기 때문입니다. 그런데 이제는 교회마저도 이 부분을 잘 가르치지 않습니다. 아이들이 바른 성 정체성에 대해, 결혼관에 대해 배울 곳이 마땅히 없습니다. 그래서 세상에서, 유튜브에서 그것을 배웁니다.

최근에 육아 박사라고 불리는 분이 영향력 있는 발언을 많이 했는데, 그분이 어떤 프로그램에서 저출산에 대한 대안으로 동거만 해서 출산하는 사람들에게도 재정 지원을 해야 한다고 주장한 적이 있습니다. 이것을 기독교윤리학에서는 현실주의 입장이라고 봅니다. 동거가 현실이니 도와주자는 것입니다. 10대 아이들에게도 성을 막을 수 없으니 피임을 하도록 가르쳐 주자는 것입니다. 이것이 현실주의입니다. 문제는 이것이 동거 문화를 조장할 수도 있다는 점에 있습니다.

이 성 문제가 어느 정도로 심각해졌는지, 분당의 한 대형 교회 목사님께서 한탄하며 말씀을 전하셨습니다. 그 교회의 중등부 여학생 여섯 명이 낙태를 했다는 것입니다. 남의 나라 이야기가 아닙니다. 이것이 청소년 성 문제의 현실입니다.

몇 해 전에 종영된 〈우리들의 블루스〉라는 드라마가 있습니다. 제주도에 사는 다양한 사람들의 로맨스가 나오는데, 그 중에서 고3 남자아이와 여자아이가 몰래 연애를 하다가 임신을 하게 됩니다. 둘이 울고불고 난리가 납니다. 임신 중단을 못 하면 인생 중단이 된다는 것입니다. 여자아이가 혼자 낙태하러 산부인과에 갑니다. 그런데 이미 22주, 6개월이 된 상태입니다. 나중에 남자아이가 찾아와서 아이를 낳자고 합니다. 자기 아이이기도 하다는 것입니다. 그러나 여자아이는 완강합니다. 결국 수술하러 갔는데 의사가 아기의 심장 소리를 들려줍니다. 처음에는 듣지 않으려고 거부하다가 결국에는 출산을 결심합니다. 작가가 의도한 것이 무엇일까요? 여러 가지가 있었겠지만, 그중 하나는 결혼하지 않은 10대가 감당하기에 성은 많은 책임이 따른다는 것입니다. 간접적으로 10대 성관계의 위험성을 전한 것입니다. 그러나 드라마 방영 이후에 작가가 엄청난 비난을 받았습니다. 불편하고 진부하다는 것입니다. 낙태죄가 폐지됐는데 왜 죄책감을 지우냐는 것입니다. 여성의 신체 자기결정권을 무시한다는 것입니다. 이 비판에서 왜 10대 아이들이 성관계를 가졌느냐에 대한 이야기는 없습니다. 그게 문제가 아니라는 것입니다. 낙태하면 되는데 왜 못하게 하느냐고 따지는 것이 우리가 사는 세상의 단편입니다. 우리는 이제 10대 성관계가 더 이상 문제가 되지 않는 시대를 살아가고 있습니다. 어쩌면 작가도 10대 성관계의 위험성을 제기한다기보다, 10대라도 서로 사랑한다면, 로맨스라면 가능할 수도 있다는 메시지를 간접적으로 전하고자 한 것인지 모릅니다. 이런 상황에서 교회에게 던져진 과제는 그런 아이들을 정죄하지 않으면서 그 간음죄를 미워하는 것입니다. 사랑과 용납 그리고 그 안에 진리를 전해야 하는 사명이 있습니다.

미국 질병통제센터에 의하면 미국의 10대 임신율은 해를 거듭할수록 줄고 있습니다. 겉으로는 좋아 보이지만 효과가 좋은 피임약과 수많은 낙태 덕분입니다. 통계에 보면 누가 임신 하지 않을 확률이 높은가에 대한 자료가 나와 있습니다. 가정 과 학교에서 부모와 선생님께 잘 연결되어 있는 아이들입니다. 그들이 임신할 확률은 매우 낮습니다. 반대로 말하면, 부모 가 없거나, 있어도 관계가 느슨하거나 혼자 있는 아이들, 외로 운 아이들, 돌봄과 관심의 사각지대에 있는 아이들일수록 임 신율이 높다는 것입니다. 교회가 어디로 찾아가야 할지, 교회 가 감당해야 할 사명이 무엇인지를 보여 주는 통계입니다.

간음, 동성애, 낙태 등 현재 우리가 사는 세상의 현실을 인식 했다면, 이제는 하나님의 말씀으로 들어갈 준비가 되었습니다.

성경은 정욕이 무엇이고, 언제 다가오며, 어떻게 이길 수 있는 지를 말씀합니다. 정욕과 간음에 대한 많은 이야기가 있지만, 본 문은 우리가 잘 아는 요셉의 이야기입니다. 바로 이 이야기에 정 욕과 간음에 대한 많은 가르침이 담겨 있기 때문입니다.

요셉, 유혹을 뿌리치다

본문의 배경을 보면, 요셉은 형들에 의해 종으로 팔려갑니다. 그리고 그는 이집트의 보디발이라는 영향력 있는 자의 집을 살피는 총무가 됩니다. 성경은 하나님이 그와 함께하시므로 그가 형통한 자가 되었다고 말씀합니다. 비록 그가 종이긴 했

지만 잘나가는 종이 되었습니다. 그런데 바로 그때, 요셉에게
성적 유혹이 다가옵니다. 그는 아직 독신입니다. 그런데 그의
주인인 보디발의 아내가 그를 유혹합니다.

여기서 정욕이라는 말의 정의가 필요합니다. 데살로니가전
서 4장 5절을 보십시오.

"하나님을 모르는 이방인과 같이 색욕을 따르지 말고."

여기서 색욕, 정욕이라는 말의 헬라어 '에피뒤미아'(ἐπιθυμία)
는 '통제되지 않는 갈망', '지나치고 제멋대로인 갈망'이라는
뜻입니다. 여기에 성(性)이라는 의미는 없습니다. 그저 마땅히
하나님을 위해 가져야 할 정감을 대체한 무분별한 갈망이라는
의미입니다. 문맥에 따라 '성적으로 통제되지 않는 갈망'으로
번역한 것입니다. 색욕의 성경적 원인은 바로 하나님이 사라
졌기 때문이며, 그것이 하나님을 모르는 이방인들의 특징이라
는 것입니다.

그 이방인이 본문에서는 보디발의 아내입니다. 그 보디발의
아내가 요셉을 보았습니다. 성경은 요셉이 잘생겼고 미남이라
고 말씀합니다. 그런 그에게 그녀가 눈짓을 합니다. 눈짓은 그
저 쳐다보기만 한 것이 아닙니다. 요셉의 몸과 외모 자체를 깊
이 묵상한 것입니다. 계속 생각했다는 뜻입니다. 계속 생각한

결과는 그와 함께 침실에서 자고 싶다는 '통제되지 않는 욕망'이었습니다.

그녀는 보디발의 아내였습니다. 그러나 그것이 문제가 되지 않은 이유는, 그것이 애굽의 문화였기 때문입니다. 그러나 하나님은 성관계를 부부 안으로 제한을 두셨습니다. 그럴 때 성은 복이 되고 기쁨이 되고 선물이 됩니다.

> "너는 네 우물에서 물을 마시며 네 샘에서 흐르는 물을 마시라 어찌하여 네 샘물을 집 밖으로 넘치게 하며 네 도랑물을 거리로 흘러가게 하겠느냐 그 물이 네게만 있게 하고 타인과 더불어 그것을 나누지 말라 네 샘으로 복되게 하라 네가 젊어서 취한 아내를 즐거워하라"(잠5:15-18).

성경은 배우자로부터 오는 성을 샘물로 비유합니다. 서로에게만 허락된 샘물입니다. 다른 이들과 나누어서는 안 되는 것입니다. 그러나 색욕, 즉 정욕은 통제되지 않는 갈망입니다. 그 샘을 넘보는 것입니다. 이 여인을 한번 보십시오. 매일 요셉을 붙잡습니다.

> "여인이 날마다 요셉에게 청하였으나"(창39:10).

하나님의 말씀에만 약속이 있는 것이 아니라 죄의 유혹에도 '약속'이 있습니다. 죄가 주는 약속이 너무 달콤하니까 넘어가는 것입니다. 그 죄의 약속은 보통 쾌락이고, 공허한 만족입니다. 하지만 그것은 속임수입니다. 실상 죄가 주는 쾌락에는 약속이 없고 비참한 결말만이 기다리고 있습니다. 특히 정욕이 주는 약속이 그러합니다.

"음녀로 말미암아 사람이 한 조각 떡만 남게 됨이며 음란한 여인은 귀한 생명을 사냥함이니라"(잠 6:26).

보디발의 아내는 요셉을 사냥하고 있습니다. 자신과 함께 자면 요셉도 좋을 거라며 쾌락을 약속하고 있습니다. 그러나 실상 정욕이 주는 약속은 한 조각 떡입니다. 그가 가진 모든 것을 잃어버리고 떡 한 조각만 남게 되는 것입니다. 성적 스캔들 때문에 거의 모든 명예를 잃고 그야말로 떡 한 조각만 남은 인생으로 전락한 사람이 얼마나 많습니까? 사탄은 정욕의 결말을 알기에 끊임없이, 날마다 유혹하는 것입니다. 정욕은 사실상 '약속 없는 쾌락'입니다. 정욕을 따라갔다가는 약속도, 미래도 없습니다. 요셉이 그녀의 끈질긴 유혹을 어떻게 거절합니까?

"이 집에는 나보다 큰 이가 없으며 주인이 아무것도 내게 금하지 아니하였어도 금한 것은 당신뿐이니 당신은 그의 아내임이라"(창 39:9).

요셉의 이 말은, '당신은 결혼하지 않았느냐'는 뜻이 아닙니다. 요셉의 말은 그녀가 결혼하지 않았다면 동침해도 된다는 의미가 아니기 때문입니다. '당신은 그의 아내'라는 말은 '당신은 내 것이 아니다'라는 것입니다. 바꿔 말하면, '당신과 나는 부부가 아니다'라는 뜻입니다. 하나님은 성을 오직 부부에게만 허락하셨습니다. 결혼이라는 배타적이고도 영구적인 헌신 안에서만 주어진 것이 성입니다. 그 안에서만 복되며 샘물이 됩니다. '당신은 그의 아내'라는 말은, 이 유혹에는 전혀 약속이 없다는 것입니다. 그것이 요셉이 보디발의 아내를 거절한 이유입니다.

하나님은 성을 만들어 그것을 하나의 '상징'으로 삼으셨습니다. 남녀가 완전히 하나 되고 연합된 모습을 통해 하나님과 우리가 완전히 하나 됨을 가리키게 하셨습니다. 즉 성은 그리스도와 신부 된 우리의 연합을 가리키는 표적이요, 표지판입니다. 그 연합은 육체적·정신적·영적으로 모두가 하나 되는 것이지, 단지 육신만 하나 되는 것이 아닙니다. 몸을 주면 그 사람의 전 존재, 전 인격을 주는 것입니다. 그래서 부부가 한 몸이 된다는 말은 단지 육체만이 아니라, 서로가 꿈과 비전을 공유하고, 기쁨과 슬픔을 모두 함께하는 등 서로에게 모든 것을 주고 하나가 된다는 뜻입니다. 이것이 부부와 성에 대한 성경적인 비전입니다.

그러나 정욕의 문제는 바로 여기서 육체만을 따로 떼어 내려 한다는 데 있습니다. 정욕은 상대방의 몸과 육체만 원하지 상대방과 그 인격을 원하는 것이 아닙니다. 세상은 육체와 인격을 분리하는 것이 가능하다고 말합니다. 그래서 인간의 성을 상품화하는 포르노 산업과 문화가 횡행하는 것입니다. 그 사람의 인격을 무시하고 몸 자체만을 분리할 수 있다고 보기 때문입니다. 그래서 정욕의 문제는 사람을 비인간화시킵니다. 쾌락은 원하지만 그 인격은 원하지 않기 때문입니다.

미국에는 혼전 동거가 보편화되어 있습니다. 그것이 문화이기도 하고, 아파트 임대료가 비싸서 비용을 반반씩 내면 절약할 수 있기 때문이기도 합니다. 또한 결혼 전에 테스트, 즉 물건을 사기 전에 제품을 사용해 보듯이 한번 살아 보기 위해 동거하기도 합니다. 또 하나는 외롭기 때문입니다. 물론 모든 동거가 100퍼센트 육체적인 성관계로 이어지지는 않습니다. 그러나 꽤 많은 경우 그렇게 이어집니다.

제가 미국에서 청년부 수련회를 할 때 성 문제를 다룬 적이 있습니다. 설교가 애매하거나 모호하면 안 되었기에 아주 구체적으로 메시지를 전했습니다. 감사하게도 그 메시지를 듣고 회개하고 변화된 청년이 꽤 많았습니다. 반면 너무 세상의 문화와는 다른 메시지를 전했기에 교회에 등록하려다가 만 청년들도 있었습니다. 그때 통계를 보여 주었습니다. 많은 통계가 있었는데, 그중에 하나가 결혼 전 연인들 중에서 미리 성 경험을 한 이후에 얼마나 그 관계가 지속되었느냐에 대한 통계입니다. 대학생 약 1,800명을 대상으로 불과 2-3년 전에 조사한 통계입니다. 일주일 뒤에 헤어진 경우가 21퍼센트, 한 달 뒤에 헤어진 경우가 35퍼센트, 86.4퍼센트가 2년이 안 되어 헤어졌습니다. 무엇을 말합니까? 정욕은 그 사람의 인격과 전 존재를 원하는 것이 아니라, 그 사람의 몸만을 원하는 것입니다. 여기에 속지 말라는 것입니다.

리처드 포스터(Richard Foster)는 《돈, 섹스, 권력》이라는 책에서 의미 있는 도표를 하나 보여 줍니다. 언제 남녀가 결혼해야 하는가? 친밀감과 신뢰도의 곡선이 모두 다 상승해서 만날 때입니다. 다시 말하면, 단지 친밀감만이 아니라 신뢰도, 곧 내가 상대방을 신뢰할 수 있고 나 또한 신뢰를 줄 수 있을 때, 서로가 자신이 가진 모든 것을 다 주어도 전혀 아깝지 않을 때, 그때가 결혼할 때이고 서로에게 몸을 줄 때라는 것입니다. 그런데 대부분은 친밀감이 높은 것만을 봅니다. 정말 신뢰하는지의 여부는 어떻게 알 수 있습니까? 어려운 일을 함께 겪어 보면 알게 됩니다.

결혼은 약속이고 언약입니다. 헌신, 희생, 상대방의 기쁨을 위해서 살겠다는 약속입니다. 성은 그 안에서 주어지는 것입니다. 그런데 이 관계에서 가장 큰 유혹 중에 하나가 쾌락만을 추구하여 상대방의 육체만을 원하는 것입니다. 쾌락은 원하지만 인격은 원하지 않는 것입니다.

본문에서 보디발의 아내는 요셉의 전 존재를 사랑한 것일까요, 아니면 단지 그의 멋진 얼굴과 육체만을 원한 것일까요? 요셉이 거절한 이후의 행동을 보면 알 수 있습니다. 요셉은 그녀를 여러 차례 거절하고 나중에는 옷이 찢어져도 달아납니다. 그러자 그녀가 어떻게 변합니까? 요셉을 가질 수 없다는 것을 알게 되었을 때, 그녀는 죄 없는 자에게 죄를 뒤집어씌우는 악녀요, 사기꾼으로 변합니다.

"그놈이 날 겁탈하려 했다!"

그녀는 요셉의 몸과 쾌락만을 원했던 것입니다. 이것이 정욕의 유혹입니다.

비슷한 사건이 사무엘하 13장에 나옵니다. 다윗의 아들 중에 암논이라는 왕자가 있었습니다. 그리고 암논에게는 다말이라는 이복누이가 있었는데, 암논이 다말을 얼마나 좋아했던지 병이 날 정도였습니다. 어느 날, 암논의 친구인 요나답이 그를 위해 꾀를 냅니다. 아픈 척 누워 있으면서 다말에게 병수발을 하게 하라는 것이었습니다. 그때 결국 침실에서 암논이 그녀를 건드립니다. 다말이 완강히 거부했지만 암논의 힘을 당할 수 없었습니다. 그러면 사랑한 여인이니까 그다음에는 책임져야 하지 않습니까? 하지만 슬프게도 암논은 그녀에게 "일어나 나가라"고 소리를 칩니다. 그녀를 내쫓습니다.

왜 성경은 이런 끔찍하고도 비참한 사건을 기록하고 있을까요? 이것이 지금도 우리 삶에 침투하고 있는 정욕의 유혹이자 죄이기 때문입니다. 악한 영의 역사입니다.

리처드 포스터는 이렇게 말했습니다.

음욕은 그릇된 성을 창출한다. 왜냐하면 그것은 '관계성'을 거부하기 때문이다. 음욕은 상대방을 대상으로, 물건으로, 비인격적 존재로 바꾸어 버린다. 예수님께서는 음욕이 성을 값싸게 만들어 버리기 때문에 이를 정죄하셨다. … 예수님께 있어서 성은 너무나 선하고 고상하고 거룩한 것이어서 값싼 생각으로 취급하실 수가 없었기 때문이다.[53]

죄는 하나님과 사람, 사람과 사람 사이의 관계를 깨뜨립니다. 음욕, 정욕은 관계를 거부하고 육체만을 원하는 비인격적인 죄입니다.

정욕, 어떻게 싸울 수 있는가

그렇다면 애굽과 가나안과 같은 세상에서 밀려오는 정욕과 어떻게 싸워 이길 수 있을까요?

피하라

이것은 정욕과 싸워 이기는 소극적인 방법이지만, 가장 기초적으로 해야 할 방법입니다. 사람의 의지는 한계가 있습니다. 사람의 육신은 아주 연약해서 누구도 자신의 육신을 신뢰해서는 안 됩니다. 교만의 죄를 다룰 때 조나단 에드워즈가 조언했던 말을 기억해 보십시오.

이런 유혹을 이기기 위해서는 많은 겸손함과 하나님의 도우심이 있어야 합니다. 유혹과 위험이 클수록 우리는 더 경성하고 기도하며 자기를 "불신"해야 합니다.[54]

모세도 교만을 이기지 못했습니다. 다윗도 정욕의 죄를 이기지 못하고 밧세바와 간음을 저질렀습니다. 하물며 평범한 우리이겠습니까? 자신이 정욕의 죄에 빠지지 않으리라는 확신을 갖지 말고 불신하라는 것입니다. 설령 누군가가 자신의 의지로 정욕을 이겼다고 쳐 봅시다. 이겼다고 해서 그것이 이긴 것은 아닙니다. 왜냐하면 자신의 의지로 이겼다며 스스로를 높일 것이기 때문입니다. 자신을 신뢰할 것이기 때문입니다. 교만의 유혹에 빠지는 것입니다. 하나님의 은혜를 찬양하는 것이 아니라 자신의 극기와 위대함을 높이게 될 것입니다. 그렇기에 우리는 자신을 불신하고, 유혹받을 환경을 피해야 합니다. 그것이 현명한 자요, 지혜로운 사람입니다.

요셉 정도면 정욕의 유혹을 이기지 않았을까요? 그도 자신을 신뢰할 수 없었습니다. 그래서 그가 한 일은 보디발의 아내와 단둘이 있는 환경을 피한 것입니다.

"동침하지 아니할 뿐더러 함께 있지도 아니하니라"(창 39:10).

나중에 그 여인이 어떻게 합니까? 요셉의 옷을 잡고 늘어집니다. 정욕의 유혹이 이렇게 무서운 것입니다. 눈짓으로 안 되면 붙잡고 늘어집니다. 그때가 언제였습니까? 마침 집에 사람이 아무도 없었을 때입니다. 아무도 없는 그때가 가장 취약할 때입니다. 정욕의 유혹은 아무도 보는 이가 없을 때 찾아옵니다.

가장 취약하고 유혹이 강한 그때, 요셉은 맞서서 싸우는 것이 아니라 자리를 피해서 도망갑니다.

"그 여인이 그의 옷을 잡고 이르되 나와 동침하자 그러나 요셉이 자기의 옷을 그 여인의 손에 버려두고 밖으로 나가매"(창 39:12).

우리 성경에는 그냥 '밖으로 나가매'라고 되어 있지만 영어 성경을 보면 'run', 즉 뛰어나갔다고 되어 있습니다. 도망치듯 나간 것입니다. 죄와 치열하게 싸우는 요셉의 모습입니다. 이것이 믿음의 분투요, 영혼을 위해 피 흘리기까지 죄와 싸우고자 하는 투쟁입니다.

욥은 의인 중의 의인입니다. 그가 고난을 당하자 친구들은 네가 죄를 지어서 그런 것이 아니냐고 묻습니다. 그때 욥이 당당하게 고백합니다.

"내가 내 눈과 약속하였나니 어찌 처녀에게 주목하랴"(욥 31:1).

여기서 '주목하다'라는 히브리어는 단지 보는 것이 아닙니다. 자신의 시선을 한곳에 고정하여 응시하고 바라보고 심지어 묵상함을 의미합니다. 바꿔 말하면, 욥은 자신을 신뢰할 수 없기 때문에 여인을 향해서는 아예 시선을 한곳에 오래 두지 않겠다고 결심했다는 것입니다. 만일 처녀에게 계속 시선을 고정하면 자신도 스스로를 믿을 수 없음을 깨달았기 때문입니다. 욥은 자신이 어떤 사람인지 알았습니다. 욥은 언제, 어디서, 무엇에 자신이 취약한지를 알았습니다. 정욕이 일어날 수 있는 환경을 피하는 것이 기본입니다. 그러나 두 번째가 있습니다. 단지 피하는 소극적인 방법으로는 정욕을 이길 수 없습니다.

하나님을 주목하라

정욕을 이길 수 있는 두 번째 방법은, 지금도 우리와 함께하시는 하나님을 바라보고 주목하는 것입니다. 이것은 정욕을 이기는 적극적인 방법입니다. 요셉이 귀한 점은 단지 정욕의 환경을 피한 것에 머무르지 않았다는 것입니다. 그는 피하면서도 항상 하나님을 주목했습니다.

> "이 집에는 나보다 큰 이가 없으며 주인이 아무것도 내게 금하지 아니하였어도 금한 것은 당신뿐이니 당신은 그의 아내임이라 그런즉 내가 어찌 이 큰 악을 행하여 하나님께 죄를 지으리이까"(창 39:9).

요셉은 대화 중에 갑자기 하나님을 언급합니다. 다시 말하면, 요셉은 보디발의 아내와 둘만 있는 것이 아니라, 하나님이 함께 계시고 그분이 지금 이 상황을 지켜보고 계신다는 것을 언급한 것입니다. 하나님에 대한 인식, 자각, 이것이 요셉의 영성이었습니다. 사실 죄 된 환경을 피하는 것도 중요하지만, 더 중요한 것은 어느 곳에 있든지 주를 바라보는 눈이 열리는 것입니다. 요셉의 눈은 그녀가 아니라 하나님께 고정되어 있었습니다. 왜입니까? 그는 그리스도의 정결한 신부였기 때문입니다. 정절을 지키겠다는 것, 바로 신부의 영성입니다.

죄에 있어서 가장 큰 문제가 무엇입니까? 죄의 유혹이 너무 큰 것입니까? 죄의 환경이 너무나 거센 것입니까? 세속적이고 반기독교적이거나 하나님을 대항하는 문화는 그때나 지금이나 달라지지 않았습니다. 문제는 그 환경이 아니라, 우리와 함께하시는 주님에 대한 시선이 고정되지 않은 것입니다. 그분에게 주목하면 유혹은 문제가 되지 않습니다. 사실상 아무도 보지 않는 환경이란 없습니다. 사실상 아무도 없는 환경이란 없습니다. 언제나 하나님이 보시고, 언제나 하나님이 함께하시기 때문입니다. 문제는 외롭고 두려운 환경이 아닙니다. 우리의 문제는 늘 주를 향한 우리의 영의 눈이 가려져 있다는 데에 있습니다.

결혼반지는 부부의 언약을 상징합니다. 왼쪽 네 번째 손가락에 반지가 있으면 이미 그 사람은 누군가의 것이라는 뜻입니다. 일단 그것만으로도 1차적인 유혹을 차단하는 효과가 있습니다. 간혹 결혼했는데 반지를 빼는 경우가 있습니다. 젊은 사람일 경우에는 싱글이라는 오해를 받을 수 있습니다. 그래서 반지는 결혼과 부부의 연합을 상징합니다. 저의 곁에는 늘 아내가 있지만, 없을 때도 있습니다. 그러나 반지를 볼 때마다 아내가 늘 함께 있다는 생각을 하게 됩니다. 저는 결혼하고 반지를 한 번도 뺀 적이 없습니다. 누군가에게 오해를 주고 싶지 않아서이기도 하고, 제가 누군가에게 속해 있음을 보여 주기 때문이기도 합니다. 그래서 뺀 적이 없습니다. 그런데 더 이상 뺄 수도 없습니다. 이제는 손가락에 살이 쪄서 안 빠집니다. 이것은 정말 하나님의 놀라운 섭리입니다. 저는 종종 제 왼쪽 손의 약지에 끼워진 반지를 보며 결혼의 언약을 떠올립니다.

우리는 말씀과 기도로 늘 하나님을 주목해야 합니다. 말씀을 통해 우리와 함께하시는 주님을 주목하는 것이 정욕의 유혹을 이기는 길입니다.

> "청년이 무엇으로 그의 행실을 깨끗하게 하리이까 주의 말씀만 지킬 따름이니이다 … 내가 주께 범죄하지 아니하려 하여 주의 말씀을 내 마음에 두었나이다"(시 119:9, 11).

누리라

정욕의 유혹을 이기는 세 번째 방법은, 하나님으로부터 오는 근원적인 쾌락을 누리는 것입니다. 어거스틴은 성적으로 문란한 시절을 보내다가 회심한 이후 독신으로 살았습니다. 바울도 다메섹에서 주님을 만나고 독신의 몸으로 남은 생을 복음 전파에 힘썼습니다. 어떻게 그럴 수 있었을까요? 바로 하나님과 함께하는 삶이 주는 기쁨 때문이었습니다. 그는 육체적 쾌락보다 더 큰 쾌락이 바로 영적인 쾌락임을 알았습니다. 그것이 바로 하나님이 주시는 기쁨이요, 만족이었던 것입니다. 다윗은 하나님을 예배함으로 누린 기쁨들을 고백합니다.

> "주께서 내 마음에 두신 기쁨은 그들의 곡식과 새 포도주가 풍성

할 때보다 더하니이다"(시 4:7).

"그러나 주께 피하는 모든 사람은 다 기뻐하며 주의 보호로 말미암아 영원히 기뻐 외치고 주의 이름을 사랑하는 자들은 주를 즐거워하리이다"(시 5:11).

정욕과 육신의 쾌락의 유혹을 이기는 길은 금욕이 아니라 궁극적이고도 진정한 쾌락입니다. 바로 주님을 즐거워하는 것, 주님을 기뻐하는 것, 주님과의 연합에서 오는 그 기쁨을 누리는 것입니다. 결국 부부의 연합이란 그리스도와 신부의 연합을 상징하는 것뿐입니다. 진짜는 바로 주님과 신부인 우리와의 연합에서 오는 즐거움이요, 기쁨입니다. 이것이 주님이 약속하신 가장 큰 기쁨이고, 이것이 바로 정욕의 유혹을 이기는 길입니다.

다윗이 정욕에 빠져 밧세바와 간음한 이후 주님과의 기쁨을 잃어버렸습니다. 육체적 쾌락을 맛보았지만 그에게 남은 것은 마른 떡 한 조각이었습니다. 하나님의 임재가 그를 떠났습니다. 그때 그가 회개하며 이렇게 고백합니다.

"주님 앞에서 나를 쫓아내지 마시며, 주님의 성령을 나에게서 거두어 가지 말아 주십시오. 주님께서 베푸시는 구원의 기쁨을 내게 회복시켜 주시고, 내가 지탱할 수 있도록 내게 자발적인 마음을 주십시오"(시 51:11-12, 새번역).

구원의 기쁨, 주님이 주시는 기쁨이 가장 큰 기쁨입니다. 다윗은 그 기쁨을 회복시켜 달라고 기도합니다.

성경을 보다 보면 우리는 다 간음한 다윗입니다. 우리는 요셉보다는 보디발의 아내에 더 가깝습니다. 우리는 정결하고 순결한 그리스도의 신부보다는 더러운 창녀에 더 가깝습니다. 우리는 호세아를 버리고 떠난 창녀 고멜과 다를 바가 없습니다. 아무리 성경을 읽어도 요한계시록에 나오는 흰옷 입은 그리스도인들과는 거리가 멀어 보입니다. 하지만 흰옷 입은 그리스도인들도 처음부터 정결했던 것은 아닙니다. 정욕의 유혹에서 완전히 자유롭고 한 번도 마음에 음욕을 품지 않은 자들이 아니었습니다. 의인은 없나니 하나도 없다는 것이 성경의 진단입니다. 그러나 요한계시록 22장 14절을 보십시오.

"자기 두루마기를 빠는 자들은 복이 있으니 이는 그들이 생명나무에 나아가며 문들을 통하여 성에 들어갈 권세를 받으려 함이로다."

생명나무에 들어가는 이들은 처음부터 깨끗한 자들이 아니었습니다. 그들의 옷은 더러운 넝마와 같았습니다. 단 하나의 예외도 없었습니다. 사람은 다 하나님보다 다른 우상을 더 사랑하는, 사실상 간음한 죄인들이기 때문입니다. 그러나 자신의 죄를 깨닫고 회개할 때, 그들은 바로 어린양의 보혈로 깨끗이 씻음을 받게 되었습니다. 그들이 그리스도인이요, 그리스도의 신부입니다. 그 소망을 가진 자마다 다시는 그 죄로 돌아가지 않습니다. 어린양의 보혈로 이제는 죄와 싸우되 피 흘리기까지 싸우는 자들입니다. 믿음은 분투요, 전투이기 때문입니다.

마태복음 족보에 보면 간음한 여인들이 나옵니다. 시아버지 유다와 동침한 다말, 다윗과 동침한 밧세바 그리고 창녀 라합입니다. 왜 그들이 족보에 있습니까? 그들이 바로 우리이기 때문입니다. 우리가 다말이요, 밧세바요, 라합이요, 또한 고멜이기 때문입니다. 그러나 주님이 십자가에서 우리의 죄를 대신 지심으로 우리가 정결하게 되었습니다. 그리고 이제는 그리스도의 신부가 되어 주님과의 연합에서 오는 가장 궁극적인 기쁨으로 충만한 자들이라는 것입니다.

예수님께서 간음하다 잡힌 여인에게 말씀하셨습니다.

"여자여, 너를 고발한 사람들은 어디에 있느냐? 너를 정죄한 사람이 없느냐?"

"주님, 한 사람도 없습니다."

"나도 너를 정죄하지 않는다. 가서 다시는 죄를 짓지 마라."

왜 주님은 정죄하지 않으셨습니까? 분명 죄라고 하셨습니다. 죄라고 했으면 누군가가 정죄되어야 합니다. 누군가가 죗값을 치러야 합니다. 본문에서 사실 감옥에 가야 할 사람은 보디발의 아내입니다. 억지로 추행하려고 한 사람은 그녀입니다. 그런데 요셉이 대신 억울하게 누명을 쓰고 죗값을 치르기 위해 감옥에 들어갔습니다. 이에 대해 성경은 "여호와께서 요셉과 함께하시고 그에게 인자를 더하사"(창 39:21)라고 말씀합니다.

여기서 요셉은 그리스도를 상징합니다. 우리가 받아야 할 죗값을 대신 받으신 분입니다. 주님은 말씀하십니다.

"그래, 너는 죄인이야. 간음한 여인이야. 너는 보디발의 아내야. 그러나 나는 너에게 돌을 던지지 않는다. 나는 네가 맞아야 할 돌을 대신 맞을 거야. 나는 너를 찌를 창에 대신 찔릴 거야. 내가 가시 면류관을 쓸 거야. 그렇기에 이제 너는 흠도 점도 없는 정결한 신부가 될 수 있단다."

이것이 정확하게 갈보리 십자가에서 일어난 일입니다. 그분의 십자가로 인해 우리는 더러운 창녀와 같은 자에서 그리스도의 정결한 신부가 되었습니다. 이제는 오직 그리스도가 주시는 가장 고귀하고도 궁극적인 기쁨과 만족을 누리는 자가 된 것입니다. 그것이 정욕을 이깁니다. 우상 숭배를 이깁니다. 그리스도의 이 은혜와 온전한 연합을 통해 그 무한한 기쁨을 누림으로 정욕을 이기는 그리스도인이 되기를 바랍니다.

이 장의 핵심 구절인 데살로니가전서 4장 3-5절과 창세기 39장 6-12절을 다시 한 번 읽고 묵상합니다.

1. 이 장에서 성령의 도우심으로 깨닫게 된 부분은 무엇입니까?

2. '정욕의 죄'를 각자의 언어로 표현해 보십시오.

3. 정욕의 죄는 당신에게 어떠한 형태로, 언제 나타납니까?

4. 정욕의 죄와 싸우고 이기기 위해 당신이 믿고 순종해야 할 일은 무엇입니까?

5. 기도 제목을 가지고 함께 기도하십시오.

1. 애굽과 가나안과 같은 음란한 세상 속에서 살아가는 청소년, 청년 세대들에게 요셉과 같이 정욕을 이길 믿음을 주소서. 죄를 미워하고 하나님을 두려워하며 매 순간 주의 임재를 바라보는 영의 눈이 열리게 하소서.

2. 간음, 간통, 동성애, 포르노 중독 등을 비롯한 왜곡된 성적 쾌락을 따라 사는 이들을 긍휼히 여겨 주시고, 그리스도의 보혈로 정결케 하소서. 성적인 죄로 무너진 가정을 회복시켜 주소서.

3. 그리스도의 정결한 신부로 살게 하소서. 하나님보다 더 사랑했던 우상들을 버리고, 참된 연인이신 그리스도만을 사랑하며 온전한 연합을 통해 참 기쁨과 만족을 누리는 자들이 되게 하소서.

이 책을 마지막으로 퇴고하는 날, 저는 한국에 온 뒤로 처음 심
장 검사를 받았습니다. 작년 말에 몇 가지 평범하지 않은 자가
증상이 있었는데, 저의 주치의인 장로님께서 CT 검사를 권면
해서 받게 된 것입니다. 교회 근처에 있는 종합 병원에서 접수
하고 기다리는 동안 많은 환자를 보았습니다. 의식을 잃고 호
흡기를 낀 채 침대에 뉘어져 어디론가 이동하는 사람, 가족들
의 부축을 받으며 천천히 걸어가는 사람, 엑스레이와 CT 촬영
을 위해 기다리는 청년과 장년 그리고 노년의 어르신들. 저는
'영혼을 위한 싸움'이라는 주제의 책을 퇴고하는 중이었기에
이 모든 사람이 예사롭게 보이지 않았습니다. 제 눈에는 모두
가 예수님과 동행하다가 육체와 세상과 마귀와의 치열한 싸
움 중에 잠시 치유와 회복이 필요한 이들처럼 보였기 때문입
니다.

이 모든 광경을 보면서 몇 가지 감사한 것이 떠올랐습니다.
첫째는, 환자인 이들이 자신이 처한 위험을 자각했다는 것입
니다. 그랬기에 검사도 받고, 치료도 받고 있는 것입니다. 만일
자각하지 못했다면 더 큰 위험에 빠졌을 테지만, 지금 이들은
병원에서 검사와 진단을 통해 회복으로 가는 중에 있습니다.

마찬가지로 이 책에서 소개된 바와 같이 '영혼을 위한 싸움'에 있어 그 대상이 무엇인지, 예수 동행을 가로막는 일곱 가지 죄가 무엇인지를 인식하고 자각하는 일은 매우 중요합니다. 하나님께서 우리로 하여금 깨닫게 하신 것 자체가 참으로 감사한 일입니다.

둘째는, 좋은 검진 도구들이 있다는 것입니다. 엑스레이, CT, 초음파와 같은 도구들은 환자의 상태와 고통 및 질병의 원인이 무엇인지를 진단해 줍니다. 이러한 도구들 덕분에 환자들에게는 더 명확하게 병의 근원을 치료할 수 있는 길이 열렸습니다. 마찬가지로 우리에게는 성경과 기독교 전통과 풍성한 영적 보고들이 있습니다. 저도 이 책을 준비하면서 이러한 유산들로부터 많은 도움을 받았습니다. 그것이 참 감사한 일입니다.

셋째는, 혼자가 아니라는 사실입니다. 아무리 의식을 잃었다 할지라도 그 곁에는 간호사들이 있고, 또한 가족들이 있었습니다. 또한 훌륭한 의사 선생님들이 그들의 병을 진단하고 아픈 곳을 치료하며 상황에 적합한 처방과 대안을 제시해 주고 있었습니다. 마찬가지로 우리 영혼의 싸움에서 우리는 결코 혼자가 아닙니다. 바로 영혼의 참된 의사요, 전투의 총사령관이신 예수 그리스도께서 함께하십니다. 이 모든 싸움은 예수님과 함께 시작해야 합니다. 영혼의 참된 의사이신 예수님의 손에 맡길 때, 그분은 우리의 질병을 치유하고, 우리의 대적을 이기게 하며, 그분과의 동행의 여정을 완주하게 하십니다.

이 책을 퇴고하는 날 마주한 평범한 일상 속에서 세미한 주님의 음성을 듣습니다.

"내가 너와 함께 있다. 내 안에 머물러 있으라. 나와 끝까지 함께 가자."

이 책을 읽는 모든 사람에게 사랑으로 권면하고 싶습니다. 우리 주님과 함께 영혼을 위한 싸움에서 물러나지 말고 꼭 승리하십시오. 주님이 함께하시니 두려워할 것이 없습니다. 이미 세상을 이긴 주님께서 우리의 영혼을 위한 싸움도 최후 승리로 인도하실 것이기 때문입니다. 부디 이 작은 책이 예수님과 끝까지 동행하는 여정을 위한 CT 검사와 같은 도구요, 질병을 치유하는 도구로 조금이나마 유익이 되기를 간절히 소망합니다.

주

1 최창호, "2023년 1분기 전체 범죄 377,482건 지난 1분기 비해 9.5% 증가"(한 국투데이), 2023. 8. 2.
https://www.hantoday.net/news/articleView.html?idxno=39632

2 (사) 기독교윤리실천운동, "2023 한국교회의 사회적 신뢰도 여론조사결과 자료 집", p. 13.
https://cemk.org/resource/29349

3 J. C. 라일, 《거룩》(복있는사람), p. 146.

4 도로시 세이어즈, 《도그마는 드라마다》(IVP), p. 87.

5 위의 책.

6 조나단 에드워즈, 《부흥론》(부흥과개혁사), p. 557.

7 Rebecca Konyndyk DeYoung, *Glittering Vices*"(Baker Publishing Group), Kindle Edition, p. 26.

8 레베카 드영, 《허영》(두란노), p. 77.

9 도로시 세이어즈, 앞의 책, p. 90.

10 위의 책, p. 106.

11 제라드 리드, 《C. S. 루이스를 통해 본 일곱 가지 치명적인 죄악과 도덕》(누가), p. 35.

12 조나단 에드워즈, 앞의 책, p. 550.

13 존 밀턴, 《실낙원》(CH북스), p. 16.

14 조나단 에드워즈, 앞의 책, p. 552.

15 도로시 세이어즈, 앞의 책, p. 118, 재인용.

16 위의 책.

17 조나단 에드워즈, 앞의 책, p. 553.

18 위의 책, pp. 568-569.

19 존 파이퍼, 《하나님을 기뻐하라》(생명의말씀사), pp. 398-399.

20 존 오웬, 《신자 안에 내재하는 죄》(부흥과개혁사), pp. 113-114.

21 Euagrius pontus, *"Talking Back: 229"*(Cistercian Studies Series)(Liturgical Press), Kindle Edition, p. 159, 저자 번역.

22 레베카 드영, 앞의 책, pp. 170-171.

23 요한 카시아누스, 《요한 카시아누스의 제도집》(은성), p. 269.

24 레베카 드영, 앞의 책, pp. 68-69.

25 Philip Graham Ryken and R. Kent Hughes, *"Exodus: Saved for God's Glory"*(Wheaton, IL: Crossway Books, 2005), p. 197, 저자 번역.

26 존 번연, 《천로역정》(두란노), p. 178.

27 도로시 세이어즈, 앞의 책, p. 109.

28 위의 책.

29 위의 책.

30 위의 책, p. 110.

31 김정운, "대한민국은 '猜忌(시기) 사회'다!"(조선일보), 2013. 7. 19. https://www.chosun.com/site/data/html_dir/2013/07/18/2013071803727.html

32 조나단 에드워즈, 앞의 책, p. 493.

33 아더 핑크, 《다윗의 생애 1》(뉴라이프), pp. 89-90.

34 Graham Tomlin, *"The Seven Deadly Sins"*(Lion Hudson), Kindle Edition, p. 176, 저자 번역.

35 도로시 세이어즈, 앞의 책, pp. 114-115.

36 Graham Tomlin, 앞의 책, pp. 173-174, 재인용, 저자 번역.

37 인사이트 캠페인을 만드는 사람들, 《손끝의 기적》(샘터), p. 4.

38 위의 책, p. 72.

39 https://www.wholesomewords.org/poetry/crosby2.html, 저자 번역.

40 헨리 나우웬, 《집으로 돌아가는 길》(포이에마), p. 136.

41 Evagrius Pontus, 앞의 책, pp. 120-121, 저자 번역.

42 Etty Hillesum, *"Etty: The Letters and Diaries of Etty Hillesum 1941-1943"* (Complete and Unabridged), Klaas A. D. Smelik (ed.), Arnold J. Pomerans (trans.) (William B. Eerdmans Publishing Company; Novalis, 2002), pp. 519-520, 저자 번역.

43 L. N. 톨스토이, 《톨스토이 단편선》(문예춘추사), p. 110.

44 R. T. 프랜스, 《마태복음》(부흥과개혁사), p. 1123.

45 리처드 백스터, 《탐심: 세상과 부에 대한 사랑》(생명의말씀사), p. 41.

46 위의 책, p. 44.

47 위의 책.

48 But it is not the rich man only who is under the dominion of things; they too are slaves who, having no money, are unhappy from the lack of it. C. S. Lewis, *"George MacDonald"*(HarperCollins), Kindle Edition, p. 38, 저자 번역.

49 신원하, 《죽음에 이르는 7가지 죄》(IVP), p. 144. 재인용.

50 C. S. 루이스, 《영광의 무게》(홍성사), p. 12.

51 리처드 백스터, 앞의 책, pp. 50-51.

52 C. S. 루이스, 《순전한 기독교》(홍성사), p. 29.

53 리처드 포스터, 《돈, 섹스, 권력》(두란노), p. 139.

54 조나단 에드워즈, 앞의 책, p. 569.

"하나님이여 나를 살피사 내 마음을 아시며
나를 시험하사 내 뜻을 아옵소서
내게 무슨 악한 행위가 있나 보시고 나를 영원한 길로 인도하소서"
(시 139:23-24).

일곱 가지 죄를 점검하는 자가 진단표

- ✔ 모든 죄의 뿌리가 되는 '교만의 죄'
- ✔ 박수와 영광을 가로채는 '허영의 죄'
- ✔ 악한 시선에 사로잡히는 '시기의 죄'
- ✔ 충실한 삶을 무너뜨리는 '나태의 죄'
- ✔ 영혼을 파괴하는 '분노의 죄'
- ✔ 만족함을 잊게 하는 '탐욕의 죄'
- ✔ 영육을 파멸하는 '정욕의 죄'

1. 아래 질문을 읽고 자신의 삶을 점검하며 정직하게 체크해 보십시오. '그렇다'라고 동의하는 진술에 ✅표를 하기 바랍니다. 볼펜보다는 다시 사용할 수 있도록 샤프나 연필을 사용하기를 추천합니다.

번호	질문	✅표
1	나는 다른 사람보다 영적으로 좀 더 성숙하다고 생각할 때가 있다.	
2	나는 종종 스스로를 꽤 대단한 사람처럼 여길 때가 있다.	
3	나는 속담대로 사촌이 땅을 사면, 즉 번성하거나 형통하면 배가 아플 때가 있다.	
4	나는 해야 할 일을 미룸으로써 피해를 본 적이 종종 있다.	
5	나는 어떤 일처리가 내 기준에 맞지 않아서 화가 날 때가 종종 있다.	
6	나는 현재 소유한 물질이나 돈에 만족하지 못하는 편이다.	
7	나는 음란물에 여전히 유혹이 된다.	
8	나는 다른 사람들보다 좀 더 겸손하다고 생각할 때가 있다.	
9	나는 남들에게 실제 외모보다 더 멋지고 예쁘게 보이고 싶어 하는 편이다.	
10	나는 경쟁적인 편이며 경쟁에서 이기지 못하면 마음이 어려워진다.	
11	나는 인생에 특별한 목적이나 열정이 없다고 느낀다.	
12	나는 화가 나서 잠을 이루지 못할 때가 있다.	
13	나는 하나님으로 가장 만족한다는 고백이 마음에 다가오지 않는 편이다.	
14	나는 정욕과 싸운다는 것이 아무런 소용이 없다는 생각이 든다.	
15	나는 가끔 지금의 나의 위치가 나의 헌신과 수고에 합당한 결과라고 생각한다.	

16	나는 타인이 나의 실제 모습보다 나를 더 부풀려 칭찬해도 기분 나쁘지 않다.	
17	나에게는 라이벌이 있으며, 그가 어려운 일을 당했다는 소식을 들었을 때 은근히 기뻐한 적이 있다.	
18	나는 하나님이 주신 사명(선교, 전도)에 무관심하거나 지루함을 느낀 적이 있다.	
19	나는 가족이나 가까운 사람에게 소리치는 경향이 있다.	
20	나는 구매하고 싶은 물건의 위시리스트를 갖고 있다.	
21	나는 사람이 본능대로 사는 것이 합당하다고 생각한다.	
22	나는 종종 다른 사람들이 나의 도움을 필요로 한다고 느낀다.	
23	나는 첫 만남에서 다른 이들에게 강한 인상을 남겨 주고 싶은 바람이 있다.	
24	나는 보스나 상급자가 나보다 다른 이를 칭찬할 때 마음이 편치 않은 적이 있다.	
25	나는 직분이나 역할을 맡고도 사랑과 열정이 일어나지 않은 적이 꽤 있다.	
26	나는 용서할 수 없어서 풀지 않은 원한 관계가 있다.	
27	나는 매월 수입보다 더 많은 신용 카드 빚이 있다.	
28	나는 누군가의 내면보다는 얼굴이나 키와 같은 외모에 호감을 느끼고 끌리는 편이다.	
29	나는 내 안의 죄보다 다른 사람 안의 죄를 더 자주 발견한다.	
30	나는 실제로 일한 것보다 좀 더 일한 것처럼 보이도록 한 적이 있다.	
31	나는 내가 있어야 할 자리에 다른 누군가가 자리를 차지하고 있다고 여긴 적이 있다.	
32	나는 가끔 왠지 우울하고 절망감이 들어서 아무것도 하기 싫을 때가 있다.	
33	나는 성격이 조급해서 누군가의 말을 천천히 귀담아 듣는 일이 쉽지 않다.	

34	나는 돈이 없어서 불안하거나, 불행하다고 느낀 적이 종종 있다.	
35	나는 감각적이고, 자극적이며, 육신적인 쾌락 거리가 없으면 힘들 때가 있다.	
36	나는 감사한 마음보다 불평이, 뜨거운 찬양보다 메마른 찬양을 할 때가 있다.	
37	나는 실제로 아는 것보다 좀 더 아는 척할 때가 있다.	
38	나는 동역자가 하나님께 귀중히 쓰임 받는 것에 불편함을 느낀 적이 있다.	
39	나는 무척 바쁘게 살지만 종종 인생의 의미가 무엇인지 공허할 때가 있다.	
40	나는 누군가가 나를 비판했을 때, 어떻게 보복해야 할지 생각한 적이 있다.	
41	나는 돈 문제로 가족이나 친구와 갈등을 겪거나 다툰 적이 있다.	
42	나는 성적인 장면이 노골적으로 등장하는 영화를 굳이 피하지 않는다.	
43	나는 사람들에게 나 자신이나 내가 행한 일에 대해 자랑할 때가 있다.	
44	나는 나의 선행이나 성취, 섬김을 누군가가 알아주지 않으면 서운하다.	
45	나는 누군가의 영적 진보와 성장을 애써 무시하거나 저평가하려고 했던 적이 있다.	
46	나는 하나님이 알아서 하실 텐데 왜 순종해야 하나 싶을 때가 있다.	
47	나는 가끔 스스로를 통제할 수 없을 정도로 어떤 일이나 사람에 대해 화가 난다.	
48	나는 돈이 부족하거나 부족할까 봐 두려워하거나 걱정하는 편이다.	
49	나는 종종 성적 욕망 때문에 일상생활에 지장을 받을 때가 있다.	
50	나는 희생한 것 만큼 충분히 보상을 받지 못한 것에 대해 속상할 때가 있다.	
51	나는 은근히 사람들의 칭찬과 인정을 갈망하는 편이다.	
52	나는 내가 갖지 못한 좋은 것을 누군가가 가지고 있을 때 슬퍼한 적이 있다.	
53	나는 안 되거나 실패한 일에 대해서 남 탓, 상황 탓하며 핑계를 대는 편이다.	

54	나는 종종 운전할 때 (혹은 뜻대로 안 될 때) 갑자기 버럭 화내거나 소리를 지르곤 한다.	
55	나는 내가 일한 노동의 대가와 땅의 열매보다 좀 더 받기를 기대한 적이 있다.	
56	나는 이성을 보고 마음속에 음욕을 품은 적이 있다.	
57	나는 나와 다른 의견을 가진 자들에 대해 수용하기보다 방어적일 때가 있다.	
58	나는 내가 가진 물건이나 옷을 자랑해 본 적이 있다.	
59	나는 남들과 비교하며 상대적으로 불우한 환경에 불평을 토로한 적이 있다.	
60	나는 최근 몇 개월간 복음과 선교적 열정을 가지고 누군가에게 전도한 적이 거의 없다.	
61	나는 꽤 오랫동안 품은 원한이 있다.	
62	나는 재정이 넉넉하지 못하면 하나님께 헌금을 드리기가 아까울 때가 있다.	
63	나는 종종 게으르거나 나태해질 때, 혹은 평안할 때 성적 유혹에 빠지는 경향이 있다.	
64	나는 남들과 다르고, 차별화되어 있다고 생각할 때가 있다.	
65	나는 유명한 사람들과 찍은 사진을 프로필이나 SNS에 올리거나 자랑한 적이 있다.	
66	나는 내가 얻지 못하면 남들도 얻지 못하도록 하향 평준화를 추구한 적이 있다.	
67	나는 종종 아무것도 간섭하지 않고 아무것도 즐기지 않는 귀차니즘에 빠질 때가 있다.	
68	나는 비교적 최근에 누군가가 원망스러워서 한동안 일이 손에 잡히지 않은 적이 있다.	
69	나는 헌금이나 구제는 적을지라도 나를 위한 투자는 대체로 아끼지 않는 편이다.	
70	나는 혼전 동거 혹은 성관계가 서로 합의만 되었다면, 변화된 시대에 더욱 합리적인 삶의 방식이라고 생각한다.	

2. ✓표한 질문을 아래 번호에 옮겨 적으십시오. 그리고 ✓표가 총 몇 개인지 체크
한 후 세로 칸의 ✓표된 합계를 맨 아래 회색 칸에 적어 보십시오. 숫자가 높을
수록(10점이 최고점) 그 죄에 깊은 영향을 받고 있을 가능성이 큽니다.

1		2		3		4		5		6		7	
8		9		10		11		12		13		14	
15		16		17		18		19		20		21	
22		23		24		25		26		27		28	
29		30		31		32		33		34		35	
36		37		38		39		40		41		42	
43		44		45		46		47		48		49	
50		51		52		53		54		55		56	
57		58		59		60		61		62		63	
64		65		66		67		68		69		70	
교만		허영		시기		나태		분노		탐욕		정욕	

나에게 가장 큰 영향을 주고 있는 세 가지 죄는 무엇인가요?

1. _____

2. _____

3. _____

3. 예수 동행을 가로막는 일곱 가지 죄를 극복하기 위한 주님 앞의 결단문

결단 1. _____

결단 2. _____

결단 3. _____

결단 4. _____

결단 5. _____

결단 6. _____

결단 7. _____

결단 8. _____

결단 9. _____

결단 10. _____

위와 같이 거룩하고 긍휼이 풍성하신 하나님 앞에 결단합니다.
하나님께서 항상 동행해 주시고, 예수 그리스도의 형상을 닮아 가게 하시며,
성령을 따라 좁은 길, 생명의 길 그리고 영원한 의의 길로 걷게 하소서.

년   월   일

_____(서명)